श्री स्तुति मंत्र कोश

शीतल अग्रवाल

Notion Press Media Pvt Ltd

No. 50, Chettiyar Agaram Main Road,
Vanagaram, Chennai, Tamil Nadu – 600 095

First Published by Notion Press 2021
Copyright © Sheetal Agarwal 2021
All Rights Reserved.

ISBN 979-8-88530-455-9

This book has been published with all efforts taken to make the material error-free after the consent of the author. However, the author and the publisher do not assume and hereby disclaim any liability to any party for any loss, damage, or disruption caused by errors or omissions, whether such errors or omissions result from negligence, accident, or any other cause.

While every effort has been made to avoid any mistake or omission, this publication is being sold on the condition and understanding that neither the author nor the publishers or printers would be liable in any manner to any person by reason of any mistake or omission in this publication or for any action taken or omitted to be taken or advice rendered or accepted on the basis of this work. For any defect in printing or binding the publishers will be liable only to replace the defective copy by another copy of this work then available.

पित्र देव को नमन

दादी मां

स्वर्गीय श्रीमती लाली देवी अग्रवाल

दादाजी

स्वर्गीय श्री बद्री प्रसाद अग्रवाल

पापा जी

स्वर्गीय श्री गिरधारी लाल अग्रवाल

मेरे प्रेरणा स्त्रोत

दादी मां
स्वर्गीय श्री मती रामदेई अग्रवाल

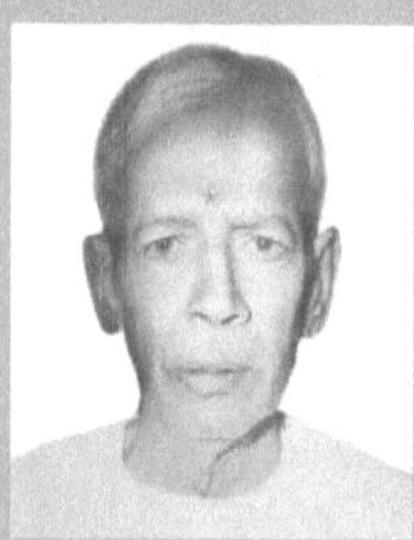

दादाजी
स्वर्गीय श्री शीशराम अग्रवाल

मां
श्रीमती विमला देवी अग्रवाल

पापा
पुरण मल अग्रवाल

मम्मी जी
श्रीमती हेमलता अग्रवाल

जीवनसाथी
श्री राजेश अग्रवाल

विषय सूची

CONTENTS

विषय परिचय

जय श्री कृष्णा!

परमात्मा एक है। जो मनुष्य परमात्मा में विश्वास रखता है उनका ईश्वर से अटूट नाता रहता है। मगर हम सब उनको अलग-अलग स्वरूप में मानते हैं। मनुष्य किसी ना किसी तरह प्रेम,भक्ति, श्रद्धा एवं विश्वास के रूप में परमात्मा से जुड़ा होता है। जीवन के उतार-चढ़ाव में हम उनसे ही अपने मन की बात करते हैं, अपने हृदय के सबसे नजदीक हम ईश्वर को ही पाते हैं।

हिंदू धर्म में बहुत सारे देवी देवताओं की पूजा अर्चना की जाती है। मनुष्य इन सभी देवी देवताओं में किसी एक से अनन्य भक्ति प्रेम और विश्वास रखता है। ईश्वर से संबंध रखने के लिए अनगिनत मार्ग हैं। उनमें से एक मार्ग है मंत्र जाप। मंत्रों का हमारे जीवन में विशेष महत्व है। देवताओं को प्रसन्न करने के लिए विशेष मंत्र रचे गए हैं। पूजा अर्चना के माध्यम से एवं मंत्र उच्चारण से हम हमारे दैनिक जीवन को सुख एवं शांति से परिपूर्ण कर सकते हैं। जिसकी पूर्ति हेतु यह संकलन तैयार किया गया है, जिसमें हमारी जरूरतों के अनुसार और देवताओं को प्रसन्न करने के लिए विशेष मंत्र को एकत्र किया गया है।

इस किताब में सभी मंत्र संग्रह करने का एक ही उद्देश्य है की हम जिस भी रूप में ईश्वर को पूजते है या मानते हैं, इन मंत्रों के द्वारा उनका वंदन कर सकें। आने वाली पीढ़ी को अपने आराध्य की पूजा,अर्चना और वंदना सिखा सकें। वे जिस भी ही देवताओं को जिस भी रूप में मानते हैं इस किताब में सुगठित मंत्रों द्वारा उनकी आराधना कर पाएं।

गणेश/**GANESH**

प्रथम पूजनीय श्री गणेश जी को विनायक, विघ्नेश्वर, गणपति, लंबोदर के नाम से भी जाना जाता हैं। हिन्दू धर्म के अनुसार किसी भी कार्य से पहले गणेश जी की पूजा की जाती है। गणेश जी की पूजा-साधना के लिए कुछ मंत्र निम्न हैं।

किसी भी कार्य के प्रारंभ में गणेश जी को इस प्रार्थना मंत्र से प्रसन्न करना चाहिए:

ॐ वक्रतुण्ड महाकाय सूर्य कोटि समप्रभ।

निर्विघ्नं कुरू मे देव, सर्व कार्येषु सर्वदा॥

अर्थ:

हे गणेश जी! आप महाकाय हैं। आपकी सूंड वक्र है। आपके शरीर से करोड़ों सूर्यो का तेज निकलता है। आपसे प्रार्थना है कि आप मेरे सारे कार्य निर्विघ्न पूरे करें।

SHREE GANESH MANTRA TO START ANY WORK

Om vakratunndda Mahaakaaya
Soorya kotti samaprabha.

Nirvighnam kuroo me deva,
sarva kaaryeshu sarvadaa.

गणेश जी का गायत्री मंत्र

गणेश जी को पुष्प और कुशा चढ़ाते हुए इस
मंत्र का जाप करना चाहिए इससे कार्य सिद्ध होता है।

ॐ एकदन्ताय विद्महे वक्रतुण्डाय धीमहि तन्नो दन्तिः प्रचोदयात्।

MANTRA TO MAKE GANESHA HAPPY

Om Ekadantaaya vidmahe Vakratunnddaaya
dhimahi tanno dantih prachodayaat.

अर्थ:

यह भगवान श्री गणेश का गायत्री मंत्र है इसमें कहा गया है कि
हम उस परमात्मा स्वरुप एकदंत यानि एक दांत वाले भगवान श्री
गणेश, जो कि सर्वव्यापी हैं, जिनकी सूंड हाथी के सूंड की तरह
मुड़ी हुई है उनसे प्रार्थना करते हैं एवं सद्बुद्धि की कामना करते हैं।
हम भगवान श्री गणेश को नमन करते हैं एवं प्रार्थना करते हैं कि
वे अपने आशीर्वाद से हमारे मन-मस्तिष्क से अज्ञान के अंधकार
को मिटाकर ज्ञान से प्रकाशित करें।

निम्न मंत्र का जाप करने से गणेश जी बुद्धि प्रदान करते हैं: इस
मंत्र का 108 बार जाप करने से काम संपूर्ण होते हैं।

श्री गणेश बीज मंत्र

ॐ गं गणपतये नमः॥

GANESH MANTRA FOR SUCCESS IN STUDY: GANESH BEEJ MANTRA

Om Gang Ganapataye Namah.

श्री संकटनाशन गणेश स्तोत्र

॥नारद उवाच॥

प्रणम्य शिरसा देवं गौरीपुत्रं विनायकम्।

भक्तावासं स्मरेन्नित्यमायुः कामार्थसिद्धये॥1॥

प्रथमं वक्रतुडं च एकदन्तं द्वितीयकम्।

तृतीयं कृष्णपिंगाक्षं गजवक्त्रं चतुर्थकम्॥2॥

लम्बोदरं पंचमं च षष्ठ विकटमेव च।

सप्तमं विघ्नराजेन्द्रं धूम्रवर्णं तथाष्टकम्॥3॥

नवमं भालचन्द्रं च दशमं तु विनायकम्।

एकादशं गणपतिं द्वादशं तु गजाननम्॥4॥

द्वादशैतानि नामानि त्रिसन्ध्यं यः पठेन्नरः।

न च विघ्नभयं तस्य सर्वसिद्धिकरं परम्॥5॥

विद्यार्थी लभते विद्यां धनार्थी लभते धनम्।

पुत्रार्थी लभते पुत्रान्मोक्षार्थी लभते गतिम्॥6॥

जपेद्गणपतिस्तोत्रं षड् भिर्मासैः फलं लभेत्।

संवत्सरेण सिद्धिं च लभते नात्र संशयः॥7॥

अष्टभ्यो ब्राह्मणेभ्यश्च लिखित्वा यः समर्पयेत्।

तस्य विद्या भवेत् सर्वा गणेशस्य प्रसादतः॥8॥

॥इति श्री नारदपुराणे संकटनाशनम गणेश स्तोत्रम सम्पूर्णम॥

SHREE SANKAT NASHAN GANESH STROTRAM

Naarad uvaach

Prannamya shirasaa devam
Gauree putram Vinaayakam.
Bhaktaavaasam smaren nityama
ayuh kaamaartha siddhaye. 1

Prathamam Vakratundam cha,
Ekadantam dwiteeyakam.
Triteeyam Krishna Pingakshaam,
Gajavaktram Chaturthakam. 2

Lambodaram Panchamam cha,
Sashtha Vikatamev cha.
Saptamam Vigna rajendra,
Dhoomra varnam tathaashttakam. 3

Navamam Bhaalchandram cha,
Dashamam tu Vinaayakam.
Ekadasham Ganapatim,
Dwadasham tu Gajaananam. 4

Dwadasaithani namani,
Trisandhyam yah pathenarah.
Na cha vighna bhayam tasya,
Sarvsiddhi karam param. 5

Viddyarthee labhate Vidhyaam,
Dhanarthee labhate Dhanam.
Putraarthee labhate Putran
mokshaartheee labhate Gatim. 6

Japegdannapati stotram,
Shadd bhirmaasaih phalam labhet.

Samvat sarenna siddhim cha,
Labhate naatra sanshayah. 7

Ashttabhyo Braahmamanne bhyashcha
Likihitwaa yah samarpayet.

Tasya Viddyaa bhavet sarvaa
Ganeshasya Prasaadatah. 8

||Iti Shree Naaradpuranne sankatnaashanam||

Ganesha strotram sampurnnam

संकटनाशनगणेशस्तोत्रम् अर्थ
नारद जी बोले

पार्वती नन्दन श्री गणेशजी को सिर झुकाकर
प्रणाम करें और फिर अपनी आयु,
कामना और अर्थ की सिद्धि के लिये उन भक्तनिवास का
नित्यप्रति स्मरण करें॥1॥

पहला वक्रतुण्ड (टेढे मुखवाले),
दुसरा एकदन्त(एक दाँतवाले), तीसरा कृष्ण पिंगाक्ष
(काली और भूरी आँख वाले),
चौथा गजवक्र (हाथी के से मुख वाले)॥2॥

पाँचवा लम्बोदरं (बड़े पेट वाला),
छठा विकट (विकराल), साँतवा विघ्नराजेन्द्र
(विघ्नों का शासन करने वाला राजाधिराज)
तथा आठवाँ धूम्रवर्ण (धूसर वर्ण वाले)॥3॥

वाँ भालचन्द्र (जिसके ललाट पर चन्द्र सुशोभित है),
दसवाँ विनायक, ग्यारवाँ गणपति और बारहवाँ गजानन॥4॥

इन बारह नामों का जो मनुष्य तीनों सन्धायों
(प्रातः, मध्यान्ह और सांयकाल) में पाठ करता है,
हे प्रभु! उसे किसी प्रकार के विघ्न का भय नहीं रहता,
इस प्रकार का स्मरण सब सिद्धियाँ देनेवाला है॥5॥

इससे विद्याभिलाषी विद्या, धनाभिलाषी धन,
पुत्रेच्छु पुत्र तथामुमुक्षु मोक्षगति प्राप्त कर लेता है॥6॥

इस गणपति स्तोत्र का जप करे तो छहः
मास में इच्छित फल प्राप्त हो जाता है तथा

एक वर्ष में पूर्ण सिद्धि प्राप्त हो जाती है
इसमें किसी प्रकार का संदेह नहीं है॥7॥

जो मनुष्य इसे लिखकर आठ ब्राह्मणों
को समर्पण करता है,
गणेश जी की कृपा से उसे सब प्रकार की विद्या
प्राप्त हो जाती है॥8॥

आपका मुख हाथी का है तथा भूतों के गण आपकी सेवा करते हैं,
आप अपने मन-भाते फल सेब खाते हैं। आप उमा के पुत्र हैं तथा
सारे शोकों का विनाश करने वाले हैं।
आपके चरण कमलों में प्रणाम।

नित्य दैनिक पूजा अर्चना

प्राचीन वैदिक शास्त्रों और नियमों में हर दिन की शुरुआत योग्य शुभ मंत्रों के स्मरण से होती है। यदि कोई भी व्यक्ति इस मंत्र नियम का विधिवत पालन करे तो उसका जीवन सुख और सौभाग्य से परिपूर्ण होता है साधक को सफलता प्राप्त करने के लिए योग के साथ शांत चित होकर ध्यान लगाना आवश्यक है।

प्रत्येक मंत्र साधक को अपने जीवन-यापन में ही नहीं, अपितु दैनिक दिनचर्या में भी कुछ विशेष बातों का ध्यान रखना बहुत आवश्यक होता है। वैसे भी जो व्यक्ति जिस मार्ग का अनुसरण करता है, उसे उस मार्ग में सफलतापूर्वक चलकर लक्ष्य तक पहुंचने के सभी नियमों को जान लेना तथा उनका पूरी तरह से पालन करना चाहिए। साधक को सफलता प्राप्त करने के लिए स्नान-संध्याशील होना अत्यावश्यक है।

प्रातः कृत्य- सूर्योदय से प्रायः दो घण्टे पूर्व ब्रह्म - मुहूर्त्त होता है। इस समय सोना (निद्रालीन होना) सर्वथा निषिद्ध है। इस कारण ब्रह्म - मुहूर्त्त में उठकर निम्न मंत्र को बोलते हुए अपने हाथों (हथेलियों) को देखना चाहिए।

हाथों के अग्रभाग में लक्ष्मी, मध्य में सरस्वती और मूल में ब्रह्मा स्थित हैं (ऐसा शास्त्रों में कहा गया है)। इसलिए प्रातः उठते ही हाथों का दर्शन करना चाहिए। उसके पश्चात् नीचे लिखी प्रार्थना को बोलकर भूमि पर पैर रखें।

दिन की शुरुआत से पहले इन मंत्रों का करें जाप

कराग्रे वसते लक्ष्मी करमध्ये सरस्वती।

करमूले स्थितो ब्रह्मा प्रभाते कर-दर्शनम्॥

FIRST MANTRA OF THE DAY WHILE WAKEUP IN THE MORNING

Karaagre vasate Lakshamee, karmadhaye Saraswatee.

Karmoole sthito Brahmaa prabhaate kara- darshanam.

पृथ्वी देवी मंत्र: भूमि पर चरण रखते समय जरूर स्मरण करें:

समुद्रवसने देवी! पर्वतस्तनमण्डले।

विष्णुपत्नि! नमस्तुभ्यं पादस्पर्श क्षमस्व मे॥

हे विष्णु पत्नी! हे समुद्ररुपी वस्त्रों को धारण करने वाली तथा पर्वतरुप स्तनों से युक्त पृथ्वी देवी! तुम्हें नमस्कार है, तुम मेरे पादस्पर्श को क्षमा करो। इस कृत्य के पश्चात् मुख को धोएं, कुल्ला करें और फिर प्रातः स्मरण तथा भजन आदि करके श्री गणेश, लक्ष्मी, सूर्य, तुलसी, गाय, गुरु, माता, पिता, इष्टदेव एवं (घर के) वृद्धों को सादर प्रणाम करें। पुरुष अपना दाएं पांव भूमि पर रखें और स्त्री अपना बाय पांव भूमि पर रखें।

PRITHAVEE DEVI MANTRA WHILE STEPPING FIRST FOOT ON GROUND

Samudravasane Devee! Parvata stana manndale.

Vishnnupatni! Namastubhyam paadasparsha kshamasva me.

नित्यकर्म से निवृत्त हो स्नान करते समय इस मंत्र का स्मरण करें:

स्नान मंत्र

गंगे च यमुने चैव गोदावरी सरस्वती।

नर्मदे सिन्धु कावेरी जलेस्मिन् सन्निधिम् कुरु॥

MANTRA WHILE BATHING

Gange cha yamune chaiv Godaavari saraswatee.

Narmade Sindhu Kaaveree jalesmin sannidhim kuroo.

अर्थ:

हे गंगे, यमुने, गोदावरी, सरस्वती, नर्मदे, सिंधु तथा कावेरी, आप सब नदियां मेरे स्नानके जलमें आएं।

प्रातः काल का मंत्र:

प्रभु आराधना के लिए

त्वमेव माता च पिता त्वमेव

त्वमेव बन्धुश्च सखा त्वमेव।

त्वमेव विद्या द्रविणम् त्वमेव

त्वमेव सर्वम् मम देव देव॥

PRAYER FOR ALL GOD

Tvameva Maataa cha pitaa tvamev

Tvameva bandhushcha sakhaa tvamev

Tvameva viddyaa dravinnam tvamev
Tvameva sarvam mama deva deva.

अर्थ:

आप ही माता हो, आप ही पिता हो, आप ही बन्धु हो, आप ही सखा हो, आप ही विद्या हो, आप ही धन हो, हे देवदेव! मेरे सब कुछ आप ही हो।

भगवान श्री गणेश की स्तुति के लिए पवित्र पावन मंत्र...

गणपति स्तोत्र

गणपति विघ्नराजो लम्बतुण्डो गजाननः।

द्वैमातुरश्च हेरम्ब एकदन्तो गणाधिपः॥

विनायकश्चारुकर्णः पशुपालो भवात्मजः॥

द्वादशैतानि नामानि प्रातरुत्थाय यः पठेत्॥

विश्वं तस्य भवेद्वश्यं न च विघ्नं भवेत् क्वचित्।

विघ्नेश्वराय वरदाय सूरप्रियाय।

लम्बोदराय सकलाय जगद्धितायं॥

नागाननाय श्रुतियज्ञविभूषिताय।

गौरीसुताय गणनाथ नमो नमस्ते॥

शुक्लाम्बरधरं देवं शशिवर्णं चतुर्भुजं।

प्रसन्नवदनं ध्यायेतसर्वविघ्नोपशान्तये॥

GANESH STROTRA

Ganapatir Vighnaraajo Lambatundo gajaananah,

Dvaimaturashcha Heramba Ekadanto Ganaadhipah.

Vinayakash chaaroo karnnah Pashupaalo Bhavaatmajah.

Dvaadashaitaani naamaani praatarut thaaya yah pathet.

Vishvam tasya bhavedvashyam na cha vighnam bhavet kvachit.

Vighaneshvaraaya Vardaaya soorapriyaaya.

Lambodraaya sakalaaya Jagadadhitaaya

Naagaannaaya Shruti yagya vibhooshitaaya.

Gaureesutaya Gannnaatha namo namaste.

Shuklaambardharam devam Shashi varnnan chaturbhujam.

Prasann vandanam dhyaayet sarva vighano pashaantaye.

अर्थ:

गणपति, विघ्नराज, लम्बतुण्ड, गजानन, द्वैमातुर, हेरम्ब, एकदन्त, गणाधिप, विनायक, चारुकर्ण, पशुपाल और भवात्मज- ये बारह गणेशजी के नाम हैं। जो प्रातःकाल उठकर इनका पाठ करता है, उसे कभी विघ्न का सामना नहीं करना पड़ता।

विघ्नेश्वर, वर देनेवाले, देवताओं को प्रिय, लम्बोदर, कलाओंसे परिपूर्ण, जगत् का हित करनेवाले, गजके समान मुखवाले और वेद तथा यज्ञ से विभूषित पार्वतीपुत्र को नमस्कार है; हे गणनाथ! आपको नमस्कार है।

गुरु मंत्र

गुरुर्ब्रह्मा गुरुर्विष्णुः गुरुर्देवो महेश्वरः।

गुरुः साक्षात् परं ब्रह्म तस्मै श्री गुरवे नमः॥

धर्मज्ञो धर्मकर्ता च सदा धर्मपरायणः।

तत्त्वेभ्यः सर्वशास्त्रार्थादेशको गुरुरुच्यते॥

GUROO MANTRA

Guroor Brahmaa Guroor Vishannuh Guroordevo
Maheshvarah.

Gurooh saakshaat param Brahma tasmai Shree Gurave namah.

Dharmagyo dharmakartaa cha sadaa dharmaparaayaannah

Tatvebhyah sarva shaastra arthaadeshako Guroo roochyate.

अर्थ:

गुरु ब्रह्मा है, गुरु विष्णु है, गुरु हि शंकर है; गुरु हि साक्षात् परब्रह्म है; उन सद्गुरु को प्रणाम। धर्म को जाननेवाले, धर्म मुताबिक आचरण करनेवाले, धर्मपरायण, और सब शास्त्रों में से तत्त्वों का आदेश करनेवाले गुरु कहे जाते हैं।

सरस्वती वंदना

या कुन्देन्दुतुषारहारधवला या शुभ्रवस्त्रावृता।

या वीणावरदण्डमण्डितकरा या श्वेतपदमासना॥

या ब्रह्माच्युतशङ्करप्रभृतिभिर्देवैः सदा वन्दिता।

सा माम पातु सरस्वती भगवती

निःशेषजाड्याऽपहा॥

SARASWATEE VANDANAA

Yaa kundendutushaarhaardhavalaa ya shubhravastravritaa.

Yaa Veennaa varadandda manddita karaa

Yaa shweta padama asanaa.

Yaa Brahma achyuta Shankara Prabhriti bhir devaih sadaa Vanditaa.

Saa maam paatu Saraswatee Bhagwatee nih sheshjaa-ayaa-apahaa.

अर्थ:

जो विद्या देवी कुंद के पुष्प, शीतल चन्द्रमा, हिमराशि और मोती के हार की तरह श्वेत वर्ण की है और जिन्होंने श्वेत वर्ण के वस्त्र धारण किये हुए है, जिनके हाथ में वीणा शोभायमान है और जो श्वेत कमल पर विराजित हैं तथा ब्रह्मा,विष्णु और महेश और सभी देवता जिनकी नित्य वन्दना करते है वही अज्ञान के अन्धकार को दूर करने वाली माँ भगवती हमारी रक्षा करें।

विद्‍यारम्भं वंदना

सरस्वती नमस्तुभ्यं, वरदे कामरूपिणी

विद्‍यारम्भं करिष्यामि सिद्धिर्भवतु मे सदा॥

PRAYER BEFORE STARTING STUDY

Saraswatee namastubhyam, Varde kaamaroopinnee.

Viddyaarambham karishyaami, Siddhibharvatu me sadaa.

अर्थ:

ज्ञान की देवी माँ सरस्वती को मेरा नमस्कार, वर दायिनी माँ भगवती को मेरा प्रणाम। अपनी विद्या आरम्भ करने से पूर्व आपका नमन करता हूँ, मुझ पर अपनी सिद्धि की कृपा बनाये रखें।

सरस्वती स्तुती

या देवी स्तुयते नित्यं विबुधैर्वेदपरागै:

सा मे वसतु जिह्वारो ब्रह्मरूपा सरस्वती

SARASWATEE STUTI

Yaa Devi Stuyate Nityam Vibur dhair veda paragaih.

Saa me Vasatu Jivhaaro Brahmaroopa Saraswatee.

अर्थ:

ज्ञान की देवी माँ सरस्वती जिसकी जिव्हा पर सारे श्लोकों का सार है जो बुद्धि की देवी कही जाती है और जो ब्रह्म देव की पत्नी है ऐसी माँ का वास मेरे अन्दर सदैव रहे ऐसी कामना है।

सूर्य आराधना के लिए:

सूर्य को जल चढ़ाते समय

ॐ ऐहि सूर्य सहस्त्रांशों तेजो राशे जगत्पते, अनुकंपयेमां भक्त्या, गृहाणार्घय दिवाकर:।

SOORYA KO JAL CHADHAATE SAMAY

Om ehi soorya sahas traanshom
tejo raashe jagatpate,

Anukanpam yemaam bhaktyaa,
grihaanna arghaya divaakarah.

सूर्य आराधना

ॐ सूर्य आत्मा जगतस्तस्युषश्च

आदित्यस्य नमस्कारं ये कुर्वन्ति दिने दिने।

दीर्घमायुर्बलं वीर्यं व्याधि शोक विनाशनम्

सूर्य पादोदकं तीर्थ जठरे धारयाम्यहम्॥

ॐ मित्राय नमः

ॐ रवये नमः

ॐ सूर्याय नमः

ॐ भानवे नमः

ॐ खगाय नमः

ॐ पूष्णे नमः

ॐ हिरण्यगर्भाय नमः

ॐ मरीचये नमः

ॐ आदित्याय नमः

ॐ सवित्रे नमः

ॐ अर्काय नमः

ॐ भास्कराय नमः

ॐ श्री सवितृ सूर्यनारायणाय नमः।

आदिदेव नमस्तुभ्यं प्रसीदमम् भास्कर।

दिवाकर नमस्तुभ्यं प्रभाकर नमोऽस्तु ते।

SOORYA ARADHANAA MANTRA

Om soorya aatmaa jagata sta syu shashcha.

Aadityasya namaskaaram ye kurvanti dine dine.

Dirghamaayurbalam veeryan vyaadhi shok vinaashanam.

Soorya padodakam tirtha jathare dhaaryaamyaham.

Om Mitraaya Namah.

Om Ravaye Namah.

Om Suryaaya Namah.

Om Bhaanave Namah.

Om Khagaaya Namah.

Om Pushnne Namah.

Om Hirannya-garbhaaya Namah.

Om Mareechaye Namah.

Om Aadityaaya Namah.

Om Savitre Namah.

Om Akaarya Namah.

Om Bhaaskaraaya Namah.

Om Shree Savitri Soorya Naaraayannaaya Namah.

Aadidev namastubhyam praseedamam Bhaaskar.

Divaakar namastubhyam prabhaakara namostute.

मां आदिशक्ति की आराधना के लिए स्मरण करें:

आदिशक्ति वंदना

सर्वमंगल मांगल्ये शिवे सर्वार्थसाधिके।

शरण्ये त्र्यम्बके गौरि नारायणि नमोऽस्तु ते॥

AADI SHAKTI VANDANAA

Sarva Mangala maangalye Shive sarvaartha saadhike.

Sharannye trayambake Gauri Naaraayanni namo-stute.

अर्थ:

नारायणी तुम सब प्रकार का मंगल प्रदान करनेवाली मंगलमयी हो, कल्याणदायिनी शिवा हो, सब पुरुषार्थों को सिद्ध करनेवाली, शरणागतवत्सला, तीन नेत्रोंवाली एवं गौरी हो। हे माँ दुर्गा आपके श्री चरणों में नमस्कार हैं।

मां शक्ति की आराधना

या देवी सर्वभूतेशु, शक्तिरूपेण संस्थिता।

नमस्तस्यै, नमस्तस्यै, नमस्तस्यै नमो नमः॥

PRAYER FOR MAA SHAKTI

Yaa Devee Sarva-bhuteshu, Shakti-roopenn sansthitaa.

Namastasyai Namastasyai Namastasyai Namo-namah.

अर्थ:

जो देवी सब प्राणियों में शक्ति रूप में स्थित हैं, उनको नमस्कार, नमस्कार, बारंबार नमस्कार है।

भगवान भोलेनाथ की आराधना

शिव स्तुति

कर्पूर गौरम करुणावतारं,

संसार सारं भुजगेन्द्र हारं।

सदा वसंतं हृदयार विन्दे,

भवं भवानी सहितं नमामि॥

SHIV STUTI

Karpur Gauram Karunnavataaram.

Sansaara Saaram Bhujagendra Haaram.

Sadaa Vasantam Hridayaara vinde.

Bhavam Bhavaani Sahitam Namaami.

अर्थ:

कर्पूर के समान चमकीले गौर वर्णवाले, करुणा के साक्षात् अवतार, इस असार संसार के एकमात्र सार, गले में भुजंग की माला डाले, भगवान शंकर जो माता भवानी के साथ भक्तों के हृदय कमलों में सदा सर्वदा बसे रहते हैं...हम उन देवाधिदेव की वंदना करते है

विष्णु स्तुति

शान्ताकारम् भुजगशयनम् पद्मनाभम् सुरेशम्

विश्वाधारम् गगनसदृशम् मेघवर्णम् शुभाङ्गम्।

लक्ष्मीकान्तम् कमलनयनम् योगिभिर्ध्यानगम्यम्

वन्दे विष्णुम् भवभयहरम् सर्वलोकैकनाथम्॥

VISHNU STUTI

Shaantakaaram Bhujagshayanam Padmanaabham Suresham.

Vishwaadhaaram Gagansadrisham Meghavarnnam Shubhaangam.

Lakshmikaantam kamalnayanam Yogi bhirdhyaa nagamyam.

Vande vishnnum bhavabhayaharam Sarvalokaikanaatham.

अर्थ:

मैं भगवान विष्णु को नमन करता हूं जो इस सृष्टि के पालक और रक्षक हैं, जो शांतिपूर्ण है, जो विशाल सर्प के ऊपर लेटे हुए हैं जिनकी नाभि से कमल का फूल निकला हुआ है जो ब्रह्मांड का सृजन करता है, जो एक परमात्मा है, जो पूरी सृष्टि को चलाने वाला है, जो सर्वव्यापी है जो बादलों की तरह सांवले हैं जिनकी आंखें कमल के समान है, वही समस्त संपत्तियों के स्वामी हैं, योगी जन उनको समझने के लिए ध्यान करते हैं, वह इस संसार के भय का नाश करने वाले हैं, सब लोगों के स्वामी भगवान विष्णु को मेरा नमस्कार।

महालक्ष्मी मंत्र

नमस्तेस्तु महामायें श्रीपीठे सुरपूजिते।

शङ्खचक्रगदाहस्ते महालक्ष्मी नमस्तु ते॥

PRAYER FOR MAA LAKSHMEE

Namastestu Mahamaaye, Shree peethe sura poojite.

shankh chakra gadaa haste, Mahaa Lakshmee namastute.

अर्थ:

श्रीपीठपर स्थित और देवताओंसे पूजित होनेवाली हे महामाये, तुम्हें नमस्कार है। हाथमें शङ्ख, चक्र और गदा धारण करनेवाली हे महालक्ष्मी! तुम्हें प्रणाम है।

श्रीकृष्ण स्तुति

कस्तुरी तिलकम ललाटपटले, वक्षस्थले कौस्तुभम।

नासाग्रे वरमौक्तिकम करतले, वेणु करे कंकणम॥

सर्वांगे हरिचन्दनम सुललितम, कंठे च मुक्तावलि।

गोपस्त्री परिवेश्टिथो विजयते, गोपाल चूडामणी॥

मूकं करोति वाचालं पंगुं लंघयते गिरिम्।

यत्कृपा तमहं वन्दे परमानन्द माधवम्॥

SHREE KRISHANN STUTI

Kasturi tilakam lalaatpattale, vakshasthale Kaustubham.

Naasaagre varamauktikam kartale, vennu kare kankannam.

Sarvaange Harichandanam sulalitam, kanthe cha Muktavali.

Gopastri pariveshtitho vijayate, Gopaal chuddaamanni.

Mukam karoti vaachaalam pangun langhayate girim.

Yatkripaa tamaham vande Parmaanand Maadhavam.

अर्थ:

हे श्रीकृष्ण! आपके मस्तक पर कस्तूरी तिलक सुशोभित है। आपके वक्ष पर देदीप्यमान कौस्तुभ मणि विराजित है। आपने नाक में सुंदर मोती पहना हुआ है। आपके हाथ में बांसुरी है और कलाई में आपने कंगन धारण किया हुआ है। हे हरि! आपकी सम्पूर्ण देह पर सुगन्धित चंदन लगा हुआ है और सुंदर कंठ मुक्ताहार से विभूषित है। आप सेवारत गोपियों के मुक्ति प्रदाता हैं। हे ईश्वर! आपकी जय हो। आप सर्वसौंदर्यपूर्ण हैं।'

श्रीराम वंदना

लोकाभिरामं रणरंगधीरं राजीवनेत्रं रघुवंशनाथम्।
कारुण्यरूपं करुणाकरं तं श्रीरामचन्द्रं शरणं प्रपद्ये॥

SHREE RAAM VANDANAA

Lokaabhiraamam rannrangdheeram

Rajeevanetram Raghuvanshnaatham.

Kaarunyarupam karunnakaram tam

shreeraamchandram sharannam prapaddye.

अर्थ:

मैं सम्पूर्ण लोकोंमें सुन्दर तथा रणक्रीडामें धीर, कमलनेत्र, रघुवंश नायक, करुणाकी मूर्ति और करुणाके भण्डार रुपी श्रीरामकी शरण में हूँ।

सीताराम स्तुति

नीलाम्बुजश्यामलकोमलाङ्गं, सीतासमारोपितवामभागम् पाणौ महासायकचारूचापं, नमामि रामं रघुवंशनाथम॥जय श्रीराम॥

SEETAA-RAAM STUTI

Neelaambuja shyaamala komalaang
Seetaa samaaropita vaamabhaagam paannnau
mahaasaayaka chaaruchaapam, namaami Raamam
Raghuvanshanaatham.
॥Jaya Shree Raam॥

अर्थ:

नीले कमल के समान श्याम और कोमल जिनके अंग हैं, श्री सीताजी जिनके वाम भाग में विराजमान हैं और जिनके हाथों में (क्रमशः) अमोघ बाण और सुंदर धनुष है, उन रघुवंश के स्वामी श्री रामचन्द्रजी को मैं नमस्कार करता हूँ।

हनुमान वंदना

अतुलितबलधामं हेमशैलाभदेहम्।

दनुजवनकृषानुम् ज्ञानिनांग्रगण्यम्॥

सकलगुणनिधानं वानरराणामधीशम्।

रघुपतिप्रियभक्तं वातजातं नमामि॥

HANUMAAN VANDANAA

Atulit bala dhaamam hema shailaabha deham.

Danu jawana krishaanum gyaaninaa mgra gannyama.

Sakalagunna nidhaaanam vaanaraannaa madheesham.

Raghupati priyabhaktam vaatjaatam namaami.

अर्थ:

अतुल बल के धाम, सोने के पर्वत (सुमेरु) के समान कान्तियुक्त शरीर वाले, दैत्य रूपी वन (को ध्वंस करने) के लिए अग्नि रूप, ज्ञानियों में अग्रगण्य, संपूर्ण गुणों के निधान, वानरों के स्वामी, श्री रघुनाथजी के प्रिय भक्त पवनपुत्र श्री हनुमान्जी को मैं प्रणाम करता हूँ॥

हनुमान स्तुति मंत्र

ॐ मनोजवं मारुततुल्य वेगम्

जितेन्द्रियं बुद्धिमतां वरिष्ठं

वातात्मजं वानर युथमुख्यं

श्री रामदूतं शरणं प्रपद्ये॥

HANUMAAN STUTI MANTRA

Om Manojavam Maarootatulya vegam,

Jitendriyam Buddhimataam Varishttham

Vaataatmajam Vaanar yuthmukhyam

Shree Raamdootam sharannam prapaddye.

अर्थ:

जिनके पास मन के समान गति और वायु के समान वेग है, जो परम जितेन्दिय और बुद्धिमानों में श्रेष्ठ हैं, उन पवनपुत्र वानरों में प्रमुख श्रीरामदूत की मैं शरण लेता हूं। कलियुग में हनुमानजी की भक्ति से बढ़कर किसी अन्य की भक्ति में शक्ति नहीं है।

शान्ति पाठ

ॐ द्यौ: शान्तिरन्तरिक्ष (गुं) शान्ति:,

पृथिवी शान्तिराप: शान्तिरोषधय: शान्ति:।

वनस्पतय: शान्तिर्विश्वे देवा: शान्तिर्ब्रह्म शान्ति:,

सर्व (द्युं) शान्ति:, शान्तिरेव शान्ति:, सा मा शान्तिरेधि॥

॥ॐ शान्ति: शान्ति: शान्ति:॥

SHAANTI PAATH

Om Dyouh shaantir antariksh (gung) shaantih.

Prithavee shaantir aapah shaantir oshadhayah shaantih.

Vanaspatayah shaantir vishve devaah shaantir brahma shaantih.,

Sarva (dhung) shaantih, shaantirev shaantih, saa maa shaantiredhi.

Om shantihi shantihi shantihi.

अर्थ:

हे जगत के परम सत्ता परब्रहम परमेश्वर, शांति स्थापित करे तीनो लोको में, जल में, धरती में और आकाश में अन्तरिक्ष में, अग्नि

में, पवन में, औषधि में, वनस्पति वन में, उपवन में सम्पूर्ण विश्व में अवचेतन मे शांति करे।

क्षमा प्रार्थना

मंत्रहीनं क्रियाहीनं भक्तिहीनं सुरेश्वर।

यत्पूजितं मया देव परिरपूर्ण तदस्तु में॥

KSHAMAA PRARTHANAA

Mantra heenam kriya heenam bhakti heenam Sureshwara

Yatpujitam mayaa dev parira purnan tadastu men.

अर्थ:

भगवान को ऐसा कहा जाता है कि जरूरी नहीं कि पूजा पूरी तरह से शास्त्रों में बताए गए नियमों के अनुसार हो, मंत्र और क्रिया दोनों में चूक हो सकती है। इसके बावजूद चूंकि मैं भक्त हूं और पूजा करना चाहता हूं और अगर मुझसे चूक हुई है, तो आप मुझे क्षमा करें। मेरा अहंकार दूर करके, मुझे अपनी शरण में लीजिए।

भोग लगाने का मन्त्र

शर्कराखण्ड खाद्यानि दधिक्षीरघृतानि च

आहारं भक्ष्यभोज्यं च नैवेद्य प्रतिगृह्यताम्॥

OFFERING FOOD TO GOD

Sharkaraa khanndd khaadyaani dadhi ksheer ghritaani cha

Aahaaram bhakshya bhojayam cha naiveddya

pratigrihutaam

अर्थ:

देव आप यह नैवेद्य ग्रहण कीजिए और अपने प्रति मेरी भक्ति को अविचल कीजिए। मनोवांछित फल दीजिए और परलोक में परम गति प्रदान कीजिए। शक्कर और खांड से तैयार किए हुए खाद्य पदार्थ दूध दही घी और भक्ष्य भोज्य नैवेद्य के रूप में प्रस्तुत है कृपा करके इसे आप ग्रहण कीजिए।

अन्नपूर्णा मन्त्र

अन्नपूर्णे सदा पूर्णे शंकरप्राणवल्लभे।

ज्ञानवैराग्यसिद्ध्य भिक्षां देहि च पार्बती॥

ANNAPURNNA MANTRA

Annapurnne sadda purnne shankar praann valllabhe.

Gyaan vairaagya siddhaa bhiksham dehi ch Parvati

त्रिदेवों के साथ नवग्रह स्मरण

ब्रह्मा मुरारिस्त्रिपुरान्तकारी भानुः शशी भूमिसुतो बुधश्च

गुरुश्च शुक्रः शनिराहुकेतवः सर्वे ग्रहा शांति करा भवंतु॥

TRIDEVON AND NAVGRAHA MANTRA

Brahmaa Muraari stri puraantkaari Bhanuh

Shashi Bhumi suto Budhashcha

Gurushcha shukrah shani rahu ketavah

sarve graahaa shaanti karaa bhavantu

दीप प्रज्वलन के समय इस मंत्र का स्मरण करें:

शुभं करोति कल्याणम् आरोग्यम् धनसंपदा।

शत्रुबुद्धिविनाशाय दीपज्योति नमोऽस्तु ते॥

दीपो ज्योति परं ब्रहम दीपो ज्योतिर्जनार्दन:।

दीपो हरतु मे पापं दीपो ज्योति नमोऽस्तु ते॥

DEEP LIGHTNING MANTRA

Shubhama karoti kalyaannam aarogyam dhansampada.

Shatrubudhivinaashaaya deepk jyoti namo-astute.

Deepo jyoti param brahma deepo jyotir janaardanah.

Deepo hartu me paapam deepo jyoti namo-astute.

तुलसी मां

तुलसी को हिंदू धर्म में देवी के रूप में पूजा जाता है। पुराणों के अनुसार जिस घर के आंगन में तुलसी होती है वहां कभी अकाल मृत्यु या शोक नहीं होता है। माना जाता है कि तुलसी के प्रतिदिन दर्शन और पूजन करने से पाप नष्ट हो जाते हैं तथा मोक्ष की प्राप्ति होती है। भगवान विष्णु जी की पूजा में तुलसी का सर्वाधिक प्रयोग होता है। तुलसी जी की पूजा में निम्न मंत्रों का प्रयोग कर जातक अधिक फल पा सकते हैं:

तुलसी पूजा का मंत्र

तुलसी जी को जल चढ़ाते समय इस मंत्र का जाप करना चाहिए-

महाप्रसाद जननी, सर्व सौभाग्यवर्धिनी

आधि व्याधि हरा नित्यं, तुलसी देवी नमोस्तुते॥

TULSI PUJA MANTRA

(Tulsee jee ko jal chadhate samaya is mantra ka jaapa karnaa chaahiye)

Mahaaprasaada jananee, sarva saubhaagyavardhinee.

Aadhi vyaadhi haraa nityam, tulasee devee namostute.

अर्थ:

हे तुलसी, आप सभी प्रकार के सौभाग्यों को बढ़ाने वाली हैं। हमेशा आधि-व्याधि यानी बीमारियों को मिटाती हैं। आपको हम नमस्कार करते हैं।

इस मंत्र द्वारा तुलसी जी का ध्यान करना चाहिए

देवी त्वं निर्मिता पूर्वमर्चितासि मुनीश्वरैः

मो नमस्ते तुलसी पापं हर हरिप्रिये॥

IS MANTRA DVARA TULSEE JI KA DHAYAAN KARNAA CHAAHIYE

Devee tvam nirmitaa purva marchitaasi munisvaraih.

namo namaste tulsee paapam hara haripriye.

तुलसी की पूजा करते समय मंत्र आराधना

तुलसी श्रीर्महालक्ष्मीर्विद्याविद्या यशस्विनी।

धर्म्या धर्मानना देवी देवीदेवमनः प्रिया॥

लभते सुतरां भक्तिमन्ते विष्णुपदं लभेत्।

तुलसी भूर्महालक्ष्मीः पद्मिनी श्रीहरिप्रिया॥

TULSEE KEE PUJA KARATE SAMAYA MANTRA ARAADHANA

Tulsee shreermahaalakshmeer viddyaaviddyaa yashasvinee.

Dharmyaa dharmaananaa devee deveedevamanah Priyaa.

Labhate sutaraam bhaktimante Visnnupadam labhet.

Tulsee Bhurmahaalakshmeeh Paddminee shreerharpriyaa.

धन-संपदा, वैभव, सुख, समृद्धि की प्राप्ति के लिए तुलसी नामाष्टक मंत्र का जाप करना चाहिए

वृंदा वृंदावनी विश्वपूजिता विश्वपावनी।

पुष्पसारा नंदनीय तुलसी कृष्ण जीवनी॥

एतभामांष्टक चैव स्त्रोतं नामर्थं संयुतम।

य: पठेत तां च सम्पूज्य सौश्वमेध फलंलमेता॥

DHANA SMPADAA, VAIBHAVA, SUKHA SAMRIDHI KI PARAPATI KE LIYE TULSEE

Namaastak mantra ka jaap karnaa chaahiye-

Vrindaa Vrindaavanee Vishvapujitaa Vishvapaavanee.

Pushpasaaraa nandaneeya Tulsee Krishana jeevanee.

Etabhaama anshttaka chaiva strotam namarthan sanyutama.

Yah Pathet taam cha sampujya sausva medha phalam lametaa.

तुलसी के पत्ते तोड़ते समय इस मंत्र का जाप करना चाहिए

ॐ सुभद्राय नमः ॐ सुप्रभाय नमः

मातस्तुलसि गोविन्द हृदयानन्द कारिणी

नारायणस्य पूजार्थं चिनोमि त्वां नमोस्तुते॥

TULSEE KE PATTE KO TODATE SAMAYA IS MANTRA KA JAAPA KARNAA CHAAHIYE

Om subhadraaya namah.

Om suprabhaaya namah.

Matas tulsi Govinda hridaya ananda kaarinee

Naaraayann asya pujaarthan chinomi tvaam namostute

भगवान शिव

पंचाक्षर मंत्र जिससे शिव सर्वदा प्रसन्ना होते हैं।

ॐ नम: शिवाय!

SHIV MANTRA

Om namah shivaaye!

शिव स्रोत

ब्रह्ममुरारि सुरार्चित लिंगं

निर्मलभासित शोभित लिंगम्।

जन्मज दुःख विनाशक लिंगं

तत्-प्रणमामि सदाशिव लिंगम्॥1॥

देवमुनि प्रवरार्चित लिंगं
कामदहन करुणाकर लिंगम्।
रावण दर्प विनाशन लिंगं
तत्-प्रणमामि सदाशिव लिंगम्॥2॥

सर्व सुगंध सुलेपित लिंगं
बुद्धि विवर्धन कारण लिंगम्।
सिद्ध सुरासुर वंदित लिंगं
तत्-प्रणमामि सदाशिव लिंगम्॥3॥

कनक महामणि भूषित लिंगं
फणिपति वेष्टित शोभित लिंगम्।
दक्ष सुयज्ञ निनाशन लिंगं
तत्-प्रणमामि सदाशिव लिंगम्॥4॥

कुंकुम चंदन लेपित लिंगं
पंकज हार सुशोभित लिंगम्।
संचित पाप विनाशन लिंगं
तत्-प्रणमामि सदाशिव लिंगम्॥5॥

देवगणार्चित सेवित लिंगं

भावै-र्भक्तिभिरेव च लिंगम्।

दिनकर कोटि प्रभाकर लिंगं

तत्-प्रणमामि सदाशिव लिंगम्॥6॥

अष्टदलोपरिवेष्टित लिंगं

सर्वसमुद्भव कारण लिंगम्।

अष्टदरिद्र विनाशन लिंगं

तत्-प्रणमामि सदाशिव लिंगम्॥7॥

सुरगुरु सुरवर पूजित लिंगं

सुरवन पुष्प सदार्चित लिंगम्।

परात्परं परमात्मक लिंगं

तत्-प्रणमामि सदाशिव लिंगम्॥8॥

लिंगाष्टकमिदं पुण्यं यः पठेशिशव सन्निधौ।

शिवलोकमवाप्नोति शिवेन सह मोदते॥

SHIV STROTA

Brahmaamuraari suraarchita lingam.

Nirmalbhaasita shobhita lingam.

Janmaja Dukha vinaashaka lingam.

Tat prannamaami Sadaashiva lingam.

Devmuni pravaraarchita lingam
Kaamdahana karoonnaakara lingam.
Raavanna darpa vinaashana lingam.
Tat prannamaami Sadaashiva lingam.

Sarva sugandha sulepita lingam.
Budhi vivardhana kaaranna lingam.
Siddha suraasura vandita lingam.
Tat prannamaami Sadaashiva lingam.

Kanaka Mahaamanni bhushita lingam.
Fannipati veshttita shobhita lingam.
Daksha suyagya ninaashana lingam.
Tat prannamaami Sadaashiva lingam.

Kumkuma chandana lepita lingam.
Pankaja haara sushobhita lingam.
Sanchita paapa vinaashana lingam.
Tat prannamaami Sadaashiva lingam.

Devgannarchit sevita lingam.
Bhaavair-Bhaktibhireva cha lingam.
Dinkara kotti prabhaakara lingam.
Tat-prannamaami Sadaashiva lingam.

Ashtta dalo pariveshittata lingam.

Sarvasamudbhava kaaranna lingam.

Ashtta daridra vinaashana lingam.

Tat-prannamaami Sadaashiva lingam

Sura guroo suravara poojita lingam.

Survana pushpa sadarchit lingam.

Praatparam parmaatmaka lingam.

Tat-prannamaami Sadaashiva lingam.

Lingaashttakamidam punnyam yah pattheshshiva sannidhau

Shivalokamavaaproti shivena saha Modate.

"महामृत्युंजय मंत्र"

"महामृत्युंजय मंत्र" भगवान शिव का सबसे बड़ा मंत्र माना जाता है। हिन्दू धर्म में इस मंत्र को प्राण रक्षक और महामोक्ष मंत्र कहा जाता है। मान्यता है कि महामृत्युंजय मंत्र से शिवजी को प्रसन्न करने वाले जातक से मृत्यु भी डरती है। इस मंत्र को सिद्ध करने वाला जातक निश्चित ही मोक्ष को प्राप्त करता है। यह मंत्र ऋषि मार्कंडेय द्वारा सबसे पहले पाया गया था।

महामृत्युंजय मंत्र

ॐ त्र्यम्बकं यजामहे सुगन्धिं पुष्टिवर्धनम्।
उर्वारुकमिव बन्धनान् मृत्योर्मुक्षीय मामृतात्॥

महामृत्युंजय मंत्र का अर्थ

हम तीन नेत्र वाले भगवान शंकर की पूजा करते हैं जो प्रत्येक श्वास में जीवन शक्ति का संचार करते हैं, जो सम्पूर्ण जगत का पालन-पोषण अपनी शक्ति से कर रहे हैं, उनसे हमारी प्रार्थना है कि जिस प्रकार एक ककड़ी अपनी बेल में पक जाने के उपरांत उस बेल-रूपी संसार के बंधन से मुक्त हो जाती है, उसी प्रकार हम भी इस संसार-रूपी बेल में पक जाने के उपरांत जन्म-मृत्यु के बंधनों से सदा के लिए मुक्त हो जाएं तथा आपके चरणों की अमृतधारा का पान करते हुए शरीर को त्यागकर आप ही में लीन हो जाएं और मोक्ष प्राप्त कर लें।

महामृत्युंजय मंत्र के फायदे

यह मंत्र व्यक्ति को ना ही केवल मृत्यु भय से मुक्ति दिला सकता है बल्कि उसकी अटल मृत्यु को भी टाल सकता है। कहा जाता है कि इस मंत्र का सवा लाख बार निरंतर जप करने से किसी भी बीमारी तथा अनिष्टकारी ग्रहों के दुष्प्रभाव को खत्म किया जा सकता है। इस मंत्र के जाप से आत्मा के कर्म शुद्ध हो जाते हैं और आयु और यश की प्राप्ति होती है। साथ ही यह मानसिक, भावनात्मक और शारीरिक स्वास्थ्य के लिए भी फायदेमंद है

MAHAMRITYUNJAYA MANTRA

Om Tryambakam Yajaamahe

Sugandhim Pushtti-Vardhanam.

Urvaarookam-Iva Bandhanaan

Mrityor-Murksheeya Maamritaat

Meaning:

Om, We Worship the Three-Eyed One (Lord Shiva), Who is Fragrant (Spiritual Essence) and Who Nourishes all beings. May He severe our Bondage of Samsara (Worldly Life), like a Cucumber (severed from the bondage of its Creeper) .and thus Liberate us from the Fear of Death, by making us realize that we are never separated from our Immortal Nature.

द्वादश ज्योतिर्लिंग का स्मरण

जो प्रतिदिन प्रातः काल उठकर इन बारह नामों का पाठ करता है वह सब पापों से मुक्त हो संपूर्ण सिद्धियों का फल पाता है।शिव महापुराण के कोटि रूद्र संहिता के अन्तर्गत महाशिव के ज्योतिर्लिंग के बारह स्वरूपों का उल्लेख किया गया है, जिन्हें सुनने मात्र से पाप दूर हो जाते हैं।

सौराष्ट्रे सोमनाथं च श्रीशैले मल्लिकार्जुनम्।

उज्जयिन्यां महाकालम्ॐकारममलेश्वरम्॥१॥

परल्यां वैद्यनाथं च डाकिन्यां भीमाशंकरम्।

सेतुबंधे तु रामेशं नागेशं दारुकावने॥२॥

वाराणस्यां तु विश्वेशं त्र्यंबकं गौतमीतटे।

हिमालये तु केदारम् घुश्मेशं च शिवालये॥३॥

एतानि ज्योतिर्लिङ्गानि सायं प्रातः पठेन्नरः।

सप्तजन्मकृतं पापं स्मरणेन विनश्यति॥४॥

DWAADASHA JYOTIRLINGA SMARANN

Sauraashttre Somanaatham cha Shreeshaile
Mallikaarjunam.

Ujjayinyaam Mahaakaalam Omkaara Mamaleshvaram.

Paralyaam Vaiddyanatham cha ddakinyaam
Bheemashankaram.

Setubandhe tu Raamesham Nagesham Daarookaavane.

Vaaraannsyaam tu Vishvesham Tryambakam Gautmee
tatte.

Himaalaye tu kedaaram Ghushmesham tu Shivaalaye.

Etaani jyotirlingaani saayam praatah patthennar.

Saptajanmakritam paapam smarannen vinashyati.

दुवादश ज्योतर्लिगि मंत्र का अर्थ

सौराष्ट्र में सोमनाथ, श्रीशैल पर मल्लिकार्जुन, उज्जैन में महाकाल, ओंकार तीर्थ में परमेश्वर, हिमालय के शिखर पर केदार, डाकिनी में भीमशंकर, वाराणसी में विश्वनाथ, गोदावरी के तट पर त्र्यंबक, चिता भूमि में वैद्यनाथ, दारूकावन में नागेश, सेतुबंध में रामेश्वर और शिवालय में घुश्मेश्वर का स्मरण करें। जो प्रतिदिन प्रात: काल उठकर इन बारह नामों का पाठ करता है वह सब पापों से मुक्त हो संपूर्ण सिद्धियों का फल पाता है।

जिस-जिस मनोरथ को पाने की इच्छा रख श्रेष्ठ मनुष्य इन बारह नामों का पाठ करेंगे। वे इस लोक और परलोक में उस मनोरथ को अवश्य प्राप्त करेंगे। इनके पूजन मात्र से ही इह लोक में समस्त वर्णों के लोगों के दुखों का नाश हो जाता है। इन ज्योतिर्लिंगों का

नैवेद्य यत्नपूर्वक ग्रहण करने से साधकों के पाप उसी क्षण जलकर भस्म हो जाते हैं।

भगवान भोलेनाथ भंडारी के इन 12 नामों का स्मरण करने वाले का दुर्भाग्य तत्क्षण ही समाप्त होता है और उसे सुख, सौभाग्य की प्राप्ति होती है। भगवान शिव के भक्त यदि इन स्थानों में से किसी भी एक तीर्थ पर जाकर भक्तजन महादेव के मंत्र 'ॐ नम: शिवाय' अथवा महामृत्युंजय मंत्र का जप करते हैं अथवा उनकी स्तुति करते हैं तो भोले भंडारी स्वयं प्रकट होकर उनकी सभी मनोकामनाएं पूर्ण करते हैं। यहीं नहीं ऐसे भक्त इस जीवन में सुख से जीने के बाद स्वर्ग प्राप्त करते हैं जहां वह स्वयं शिव के गणों में एक बन जाते हैं।

श्रीरुद्राष्टकम्

नमामीशमीशान निर्वाणरूपंविभुं व्यापकं ब्रहमवेदस्वरूपम्।

निजं निर्गुणं निर्विकल्पं निरीहंचिदाकाशमाकाशवासं भजेऽहम्॥१॥

निराकारमोंकारमूलं तुरीयंगिरा ज्ञान गोतीतमीशं गिरीशम्।

करालं महाकाल कालं कृपालंगुणागार संसारपारं नतोऽहम्॥२॥

तुषाराद्रि संकाश गौरं गभीरंमनोभूत कोटिप्रभा श्री शरीरम्।

स्फुरन्मौलि कल्लोलिनी चारु गङ्गालसद्भालबालेन्दु कण्ठे भुजङ्गा॥३॥

चलत्कुण्डलं भ्रू सुनेत्रं विशालंप्रसन्नाननं नीलकण्ठं दयालम्।

मृगाधीशचर्माम्बरं मुण्डमालंप्रियं शंकरं सर्वनाथं भजामि॥४॥

प्रचण्डं प्रकृष्टं प्रगल्भं परेशंअखण्ड अजं भानुकोटिप्रकाशम्।

त्रयः शूल निर्मूलनं शूलपाणिंभजेऽहं भवानीपतिं भावगम्यम्॥५॥

कलातीत कल्याण कल्पान्तकारीसदा सज्जनानन्ददाता पुरारी।

चिदानन्द संदोह मोहापहारीप्रसीद प्रसीद प्रभो मन्मथारी॥६॥

न यावत् उमानाथ पादारविन्दंभजन्तीह लोके परे वा नराणाम्।

नतावत् सुखं शान्ति सन्तापनाशंप्रसीद प्रभो सर्वभूताधिवासम्॥७॥

न जानामि योगं जपं नैव पूजांनतोऽहं सदा सर्वदा शम्भु तुभ्यम्।

जरा जन्म दुःखौघ तातप्यमानंप्रभो पाहि आपन्नमामीश शम्भो॥८॥

रुद्राष्टकमिदं प्रोक्तं विप्रेण हरतोषये।ये पठन्ति नरा भक्त्या तेषां

शम्भुः प्रसीदति॥ ॥

इति श्रीगोस्वामितुलसीदासकृतं श्रीरुद्राष्टकं संपूर्णम्॥

SHREE ROODRASHTAKAM

Namaameeshamee shaana nirvaanna rupam

Vibhum vyaapakam brahma veda svaroopam।

Nijam nirgunnam nirvikalpam nireehamChidaakaasham

aakaasha vaasam bhaje aham॥1॥

Niraakaaramomkaaramoolam tureeyamGiraa gyaana
goteetameesham

giriishamKaraalam mahaakaala kaalam kripaalam

Gunnaagaara sansaarapaaram Natoaham॥2॥

Tushaaraadri samkaasha gauram gabhiram

Manobhoota kottiPrabhaa Shree Shareeram।

SphuranMauli Kallolinee Chaaru-gangaa
Lasadbhaalabaaleindu kanntthe bhujanggaa॥3॥

Chalatkunnddalam bhroo sunetram vishaalam

Prasannaananam neelkannttham dayaalam l
Mrigaadheeshacharmaambaram munnddamaalam
Priyam shankaram sarvanaatham bhajaami ll4ll
Prachannddam prakrishttam pragalbham paresham
Akhannddam ajam bhaanukottiprakaasham l
Tryah shoola nirmoolanam Shoolapaannim
Bhajeaham bhavaaneepatim bhaavagamyam ll5ll
Kalaateeta kalyaanna kalpaantaKaaree
Sadaa Sajjanaananda daata puraaree l
Chidaananda samdoha mohaapahaaree
Praseeda praseeda prabho manmathaaree ll6ll
Na yaavat umaanaatha paadaaravindam
Bhajanteeha loke pare vaa naraannaam l
Na taavat sukham shaanti Santaapanaasham
Praseeda prabho sarvabhuutaadhi vaasam ll7ll
Na jaanaami yogam japam naiva poojaam
Natoaham sadaa sarvadaa shambhu tubhyam l
Jaraa janma duhkhaugha taatapyamaanam
Prabho paahi aapannamaameesha shambho ll8ll
Rudraashtakmidam proktam viprenna haratoshaye l
Ye patthanti naraa bhaktyaa teshaam shambhuh
praseedati ll

विष्णु स्तुति

विष्णु शान्ताकारम् मंत्र

शान्ताकारम् भुजगशयनम् पद्मनाभम् सुरेशम्
विश्वाधारम् गगनसदृशम् मेघवर्णम् शुभाङ्गम्।
लक्ष्मीकान्तम् कमलनयनम् योगिभिर्ध्यानगम्यम्
वन्दे विष्णुम् भवभयहरम् सर्वलोकैकनाथम्॥

VISHNNU SHANTAKARAM MANTRA

Shantaakaaram Bhujagashayanam Padmanaabham
Suresham
Vishvadhaaram Gaganasadrisham Meghavarnam
Shubhaangam।
Lakshmikaantam Kamalanayanam Yogi bhir
dhyanagamyam
Vande Vishnnum Bhavabhayaharam Sarvalokaika
natham॥

विष्णु बीज मंत्र

ॐ नमो भगवते वासुदेवाय

VISHNNU BEEJ MANTRA

Om Namo Bhagawate Vaasudevaaya

विष्णु मंत्र

श्रीकृष्ण गोविन्द हरे मुरारे।
हे नाथ नारायण वासुदेवाय॥

Shreekrishanna Govinda Hare Muraari
He Naatha Naaraayanna Vaasudevaaya.

ॐ विष्णवे नम:

Om Vishnnave namah.

ॐ हूं विष्णवे नम:

Om hum Vishnnave namah.

ॐ नमो नारायण।
श्री मन नारायण नारायण हरि हरि।

Om namo Naaraayanna
Shree Mana Naaraayanna Naaraayanna Hari Hari.

श्रीराम

श्री राम, जय राम, जय जय राम।

राम स्तुति

'श्री राम जय राम जय जय राम' - यह सात शब्दों वाला तारक मंत्र है। साधारण से दिखने वाले इस मंत्र में जो शक्ति छिपी हुई है, वह अनुभव का विषय है। इसे कोई भी, कहीं भी, कभी भी कर सकता है। फल बराबर मिलता है।

RAAMA STUTI

श्रीरामचंद्र कृपालु भजमन हरण भाव भय दारुणम्।

नवकंज लोचन कंज मुखकर, कंज पद कन्जारुणम्॥

कंदर्प अगणित अमित छवी नव नील नीरज सुन्दरम्।

पट्पीत मानहु तडित रुचि शुचि नौमी जनक सुतावरम्॥

भजु दीन बंधु दिनेश दानव दैत्य वंश निकंदनम्।

रघुनंद आनंद कंद कौशल चंद दशरथ नन्दनम्॥

सिर मुकुट कुण्डल तिलक चारु उदारु अंग विभूषणं।

आजानु भुज शर चाप धर संग्राम जित खर-धूषणं॥

इति वदति तुलसीदास शंकर शेष मुनि मन रंजनम्।

मम हृदय कुंज निवास कुरु कामादी खल दल गंजनम्॥

छंद:

मनु जाहिं राचेऊ मिलिहि सो बरु सहज सुंदर सावरों।

करुना निधान सुजान सिलू सनेहू जानत रावरो॥

एही भांती गौरी असीस सुनी सिय सहित हिय हरषी अली।

तुलसी भवानी पूजि पूनी पूनी मुदित मन मंदिर चली॥

सोरठा

जानि गौरी अनुकूल सिय हिय हरषु न जाइ कहि।

मंजुल मंगल मूल वाम अंग फरकन लगे॥

Shreeraamachandra Kripaalu bhajmana haranna bhaava bhaya daarunnam.

Navkunja Lochana kanja mukhakara, kanja pada kanjaaroonnam.

Kandarpa agannita Amita chavee Nava Neela Neeraja sundaram.

Pattpeet maanahu taddita Roochi Suchi naumee Janaka sutaavaram.

Bhaju Deen Bandhu Dinesha daanava daitya vansha nikandanam.

Raghunanda Aananda kanda kaushala chanda Dashratha nandanam.

Sir mukutt kundala tilaka chaaru udaaru anga vibhooshannam.

Aajaanu bhuja shara chaapa dhara sangraama jit Khar-Dhushannam.

Iti vadati tulaseedaasa Shankara shesha muni mana Ranjanam.

Mama hridya Kunja nivaasa kuroo kaamaadi khara dala ganjanam.

CHANDA

Manu jaahin Raacheoo Milihi so baroo sahaja sundara saavaron.

Karoonaa nidhaan sujaan siloo sanehoo Jaanata raavaaro.

Ehee bhaantee gauree aseesa sunee siya sahita hiya harashee alee.

Tulasee bhavaanee pooji poonee poonee mudita mana mandira chalee.

SORATTHAA

Jaani Gauree anukoola siya hiya harshu na jaai kahi.

Manjula mangala Moola vaama anga pharkana lage.

श्रीरामाष्टक

हे रामा पुरुषोत्तमा नरहरे नारायणा केशवा।

गोविन्दा गरूड़ध्वजा गुणनिधे दामोदरा माधवा॥

हे कृष्ण कमलापते यदुपते सीतापते श्रीपते।

बैकुण्ठाधिपते चराचरपते लक्ष्मीपते पाहिमाम्॥

आदौ रामतपोवनादि गमनं हत्वा मृगं कांचनम्।

वैदेही हरणं जटायु मरणं सुग्रीवसम्भाषणम्॥

बालीनिर्दलनं समुद्रतरणं लंकापुरीदाहनम्।

पश्चाद्रावण कुम्भकर्णहननं एतद्धि श्री रामायणम्॥

SHREE RAAMAASHTTAKA

He Raama Purushottamaa Narahare Naraayanna Keshavaa.

Govindaa Garudd-dhvajaa gunnnidhe Daamodaraa Maadhavaa.

He Krishnna Kamalaapate yadupate Seetaapate Shreepate.

Baikunndha-adhipate Charaacharpate Lakshmeepate paahimaam.

Aadau Raamatapovanaadi gamanam hatvaa mrigam kaanchanam.

Vaidehee harannam jataayu marannam sugreev sambhaashnnam.

Baali nirdalanam samudra tarannam lankapuree daahanam.

Pashchaad ravanna kumbhakarnna hananam eitadghi shree Raamaayanam.

जानिए एक श्लोकी रामायण

आदौ रामतपोवनादि गमनं हत्वा मृगं कांचनम्।

वैदेही हरणं जटायु मरणं सुग्रीवसम्भाषणम्॥

बालीनिर्दलनं समुद्रतरणं लंकापुरीदाहनम्।

पश्चाद्रावण कुम्भकर्णहननं एतद्घि श्री रामायणम्॥

EKA SHLOKEE RAAMAAYNNA

Aadau Raamatapovanaadi gamanam hatvaa mrigam kaanchanam.

Vaidehee harannam jataayu marannam sugreev sambhaashnnam.

Baali nirdalanam samudra tarannam lankapuree daahanam.
Pashcha adravanna kumbhakarnna hananam eitadghi shree Raamaayanam.

श्री हनुमान चालीसा

श्री हनुमान चालीसा अर्थ सहित...

दोहा

श्री गुरु चरण सरोज रज, निज मन मुकुरु सुधारि।

बरनऊं रघुवर बिमल जसु, जो दायकु फल चारि।

अर्थ- श्री गुरु महाराज के चरण कमलों की धूलि से अपने मन रूपी दर्पण को पवित्र करके श्री रघुवीर के निर्मल यश का वर्णन करता हूं, जो चारों फल धर्म, अर्थ, काम और मोक्ष को देने वाला है।

बुद्धिहीन तनु जानिके, सुमिरो पवन-कुमार।

बल बुद्धि विद्या देहु मोहिं, हरहु कलेश विकार।

अर्थ- हे पवन कुमार! मैं आपको सुमिरन करता हूं। आप तो जानते ही हैं कि मेरा शरीर और बुद्धि निर्बल है। मुझे शारीरिक बल, सद्बुद्धि एवं ज्ञान दीजिए और मेरे दुखों व दोषों का नाश कार दीजिए।

चौपाई

जय हनुमान ज्ञान गुण सागर, जय कपीस तिहुं लोक उजागर॥1॥

अर्थ- श्री हनुमान जी! आपकी जय हो। आपका ज्ञान और गुण अथाह है। हे कपीश्वर! आपकी जय हो! तीनों लोकों, स्वर्ग लोक, भूलोक और पाताल लोक में आपकी कीर्ति है।

राम दूत अतुलित बलधामा, अंजनी पुत्र पवन सुत नामा॥2॥

अर्थ- हे पवनसुत अंजनी नंदन! आपके समान दूसरा बलवान नहीं है।

महावीर विक्रम बजरंगी, कुमति निवार सुमति के संगी॥3॥

अर्थ- हे महावीर बजरंग बली!आप विशेष पराक्रम वाले है। आप खराब बुद्धि को दूर करते है, और अच्छी बुद्धि वालों के साथी, सहायक है।

कंचन बरन बिराज सुबेसा, कानन कुण्डल कुंचित केसा॥4॥

अर्थ- आप सुनहले रंग, सुन्दर वस्त्रों, कानों में कुण्डल और घुंघराले बालों से सुशोभित हैं।

हाथबज्र और ध्वजा विराजे, कांधे मूंज जनेऊ साजै॥5॥

अर्थ- आपके हाथ में बज्र और ध्वजा है और कन्धे पर मूंज के जनेऊ की शोभा है।

शंकर सुवन केसरी नंदन, तेज प्रताप महा जग वंदन॥6॥

अर्थ- शंकर के अवतार! हे केसरी नंदन आपके पराक्रम और महान यश की संसार भर में वन्दना होती है।

विद्यावान गुणी अति चातुर, राम काज करिबे को आतुर॥7॥

अर्थ- आप प्रकान्ड विद्या निधान है, गुणवान और अत्यन्त कार्य कुशल होकर श्री राम के काज करने के लिए आतुर रहते है।

प्रभु चरित्र सुनिबे को रसिया, राम लखन सीता मन बसिया॥8॥

अर्थ- आप श्री राम चरित सुनने में आनन्द रस लेते है। श्री राम, सीता और लखन आपके हृदय में बसे रहते है।

सूक्ष्म रूप धरि सियहिं दिखावा, बिकट रूप धरि लंक जरावा॥9॥

अर्थ- आपने अपना बहुत छोटा रूप धारण करके सीता जी को दिखलाया और भयंकर रूप करके लंका को जलाया।

भीम रूप धरि असुर संहारे, रामचन्द्र के काज संवारे॥10॥

अर्थ- आपने विकराल रूप धारण करके राक्षसों को मारा और श्री रामचन्द्र जी के उद्देश्यों को सफल कराया।

लाय सजीवन लखन जियाये, श्री रघुवीर हरषि उर लाये॥11॥

अर्थ- आपने संजीवनी बूटी लाकर लक्ष्मण जी को जिलाया जिससे श्री रघुवीर ने हर्षित होकर आपको हृदय से लगा लिया

रघुपति कीन्हीं बहुत बड़ाई, तुम मम प्रिय भरत सम भाई॥12॥

अर्थ- श्री रामचन्द्र ने आपकी बहुत प्रशंसा की और कहा कि तुम मेरे भरत जैसे प्यारे भाई हो।

सहस बदन तुम्हरो जस गावैं। अस कहि श्रीपति कंठ लगावैं॥13॥

अर्थ- श्री राम ने आपको यह कहकर हृदय से लगा लिया की तुम्हारा यश हजार मुख से सराहनीय है।

सनकादिक ब्रह्मादि मुनीसा, नारद, सारद सहित अहीसा॥14॥

अर्थ- श्री सनक, श्री सनातन, श्री सनन्दन, श्री सनत्कुमार आदि मुनि ब्रह्मा आदि देवता नारद जी, सरस्वती जी, शेषनाग जी सब आपका गुण गान करते है।

जम कुबेर दिगपाल जहां ते, कबि कोबिद कहि सके कहां ते॥15॥

अर्थ- यमराज, कुबेर आदि सब दिशाओं के रक्षक, कवि विद्वान, पंडित या कोई भी आपके यश का पूर्णतः वर्णन नहीं कर सकते।

तुम उपकार सुग्रीवहि कीन्हा, राम मिलाय राजपद दीन्हा॥16॥

अर्थ- आपने सुग्रीव जी को श्रीराम से मिलाकर उपकार किया, जिसके कारण वे राजा बने।

तुम्हरो मंत्र विभीषण माना, लंकेस्वर भए सब जग जाना॥17॥

अर्थ- आपके उपदेश का विभिषण जी ने पालन किया जिससे वे लंका के राजा बने, इसको सब संसार जानता है।

जुग सहस्त्र जोजन पर भानू, लील्यो ताहि मधुर फल जानू॥18॥

अर्थ- जो सूर्य इतने योजन दूरी पर है कि उस पर पहुंचने के लिए हजार युग लगे। दो हजार योजन की दूरी पर स्थित सूर्य को आपने एक मीठा फल समझकर निगल लिया।

प्रभु मुद्रिका मेलि मुख माहि, जलधि लांघि गये अचरज नाहीं॥19॥

अर्थ- आपने श्री रामचन्द्र जी की अंगूठी मुंह में रखकर समुद्र को लांघ लिया, इसमें कोई आश्चर्य नहीं है।

दुर्गम काज जगत के जेते, सुगम अनुग्रह तुम्हरे तेते॥20॥

अर्थ- संसार में जितने भी कठिन से कठिन काम हो, वो आपकी कृपा से सहज हो जाते है।

राम दुआरे तुम रखवारे, होत न आज्ञा बिनु पैसा रे॥21॥

अर्थ- श्री रामचन्द्र जी के द्वार के आप रखवाले है, जिसमें आपकी आज्ञा बिना किसी को प्रवेश नहीं मिलता अर्थात् आपकी प्रसन्नता के बिना राम कृपा दुर्लभ है।

सब सुख लहै तुम्हारी सरना, तुम रक्षक काहू को डरना॥22॥

अर्थ- जो भी आपकी शरण में आते है, उस सभी को आनन्द प्राप्त होता है, और जब आप रक्षक है, तो फिर किसी का डर नहीं रहता।

आपन तेज सम्हारो आपै, तीनों लोक हांक तें कांपै॥23॥

अर्थ- आपके सिवाय आपके वेग को कोई नहीं रोक सकता, आपकी गर्जना से तीनों लोक कांप जाते है।

भूत पिशाच निकट नहिं आवै, महावीर जब नाम सुनावै॥24॥

अर्थ- जहां महावीर हनुमान जी का नाम सुनाया जाता है, वहां भूत, पिशाच पास भी नहीं फटक सकते।

नासै रोग हरै सब पीरा, जपत निरंतर हनुमत बीरा॥25॥

अर्थ- वीर हनुमान जी! आपका निरंतर जप करने से सब रोग चले जाते है और सब पीड़ा मिट जाती है।

संकट तें हनुमान छुड़ावै, मन क्रम बचन ध्यान जो लावै॥26॥

अर्थ- हे हनुमान जी! विचार करने में, कर्म करने में और बोलने में, जिनका ध्यान आपमें रहता है, उनको सब संकटों से आप छुड़ाते है।

सब पर राम तपस्वी राजा, तिनके काज सकल तुम साजा॥27॥

अर्थ- तपस्वी राजा श्री रामचन्द्र जी सबसे श्रेष्ठ है, उनके सब कार्यों को आपने सहज में कर दिया।

और मनोरथ जो कोइ लावै, सोई अमित जीवन फल पावै॥28॥

अर्थ- जिस पर आपकी कृपा हो, वह कोई भी अभिलाषा करें तो उसे ऐसा फल मिलता है जिसकी जीवन में कोई सीमा नहीं होती।

चारों जुग परताप तुम्हारा, है परसिद्ध जगत उजियारा॥29॥

अर्थ- चारो युगों सतयुग, त्रेता, द्वापर तथा कलियुग में आपका यश फैला हुआ है, जगत में आपकी कीर्ति सर्वत्र प्रकाशमान है।

साधु सन्त के तुम रखवारे, असुर निकंदन राम दुलारे॥30॥

अर्थ- हे श्री राम के दुलारे! आप सज्जनों की रक्षा करते है और दुष्टों का नाश करते है।

अष्ट सिद्धि नौ निधि के दाता, अस बर दीन जानकी माता॥31॥

अर्थ- आपको माता श्री जानकी से ऐसा वरदान मिला हुआ है, जिससे आप किसी को भी आठों सिद्धियां और नौ निधियां दे सकते है।

1) अणिमा- जिससे साधक किसी को दिखाई नहीं पड़ता और कठिन से कठिन पदार्थ में प्रवेश कर जाता है।

2) महिमा- जिसमें योगी अपने को बहुत बड़ा बना देता है।

3) गरिमा- जिससे साधक अपने को चाहे जितना भारी बना लेता है।

4) लघिमा- जिससे जितना चाहे उतना हल्का बन जाता है।

5) प्राप्ति- जिससे इच्छित पदार्थ की प्राप्ति होती है।

6) प्राकाम्य-जिससे इच्छा करने पर वह पृथ्वी में समा सकता है, आकाश में उड़ सकता है।

7) ईशित्व- जिससे सब पर शासन का सामर्थ्य हो जाता है।

8) वशित्व- जिससे दूसरों को वश में किया जाता है।

राम रसायन तुम्हरे पासा, सदा रहो रघुपति के दासा॥32॥

अर्थ- आप निरंतर श्री रघुनाथ जी की शरण में रहते है, जिससे आपके पास बुढ़ापा और असाध्य रोगों के नाश के लिए राम नाम औषधि है।

तुम्हरे भजन राम को पावै, जनम जनम के दुख बिसरावै॥33॥

अर्थ- आपका भजन करने से श्री राम जी प्राप्त होते है और जन्म जन्मांतर के दुख दूर होते है।

अन्त काल रघुबर पुर जाई, जहां जन्म हरि भक्त कहाई॥34॥

अर्थ- अंत समय श्री रघुनाथ जी के धाम को जाते है और यदि फिर भी जन्म लेंगे तो भक्ति करेंगे और श्री राम भक्त कहलाएंगे।

और देवता चित न धरई, हनुमत सेई सर्व सुख करई॥35॥

अर्थ- हे हनुमान जी! आपकी सेवा करने से सब प्रकार के सुख मिलते है, फिर अन्य किसी देवता की आवश्यकता नहीं रहती।

संकट कटै मिटै सब पीरा, जो सुमिरै हनुमत बलबीरा॥36॥

अर्थ- हे वीर हनुमान जी! जो आपका सुमिरन करता रहता है, उसके सब संकट कट जाते है और सब पीड़ा मिट जाती है।

जय जय जय हनुमान गोसाईं, कृपा करहु गुरु देव की नाई॥37॥

अर्थ- हे स्वामी हनुमान जी! आपकी जय हो, जय हो, जय हो! आप मुझ पर कृपालु श्री गुरु जी के समान कृपा कीजिए।

जो सत बार पाठ कर कोई, छूटहि बंदि महा सुख होई॥38॥

अर्थ- जो कोई इस हनुमान चालीसा का सौ बार पाठ करेगा वह सब बंधनों से छूट जाएगा और उसे परमानन्द मिलेगा।

जो यह पढ़ै हनुमान चालीसा, होय सिद्धि साखी गौरीसा॥39॥

अर्थ- भगवान शंकर ने यह हनुमान चालीसा लिखवाया, इसलिए वे साक्षी है, कि जो इसे पढ़ेगा उसे निश्चय ही सफलता प्राप्त होगी।

तुलसीदास सदा हरि चेरा, कीजै नाथ हृदय मंह डेरा॥40॥

अर्थ- हे नाथ हनुमान जी! तुलसीदास सदा ही श्री राम का दास है। इसलिए आप उसके हृदय में निवास कीजिए।

दोहा

पवन तनय संकट हरन, मंगल मूरति रूप। राम लखन सीता सहित, हृदय बसहु सूरभूप॥

अर्थ- हे संकट मोचन पवन कुमार! आप आनंद मंगलों के स्वरूप हैं। हे देवराज! आप श्री राम, सीता जी और लक्ष्मण सहित मेरे हृदय में निवास कीजिए।

SHRI HANUMAN CHAALEESAA

DOHA

Shree Guroo charana Saroja-raja nija manu mukura sudhaari.

Baranau Rahubhara Bimala jashu jo dayaku phala chari.

Budhi-Heen Tanu Jannike sumiron Pavana Kumara

Bala-Budhi vidyaa dehu mohi harahu kalesha vikaara

CHAUPAI

Jaya Hanumaana gyaana gunna saagara,
jaya Kapeesa tihuna loka ujaagara. 1

Raamadoota atulita baladhaamaa,
Anjaanee-putra Pavana suta naamaa. 2

Mahaabeera Bikrama Bajrangee,
Kumati nivaara sumati Ke sangi. 3

Kanchana varana viraaja subesaa,
kaanana kunddala kunchita kesaa. 4

Haathvajra aura dhwajaa viraaje,
kaandhe moonja janeu saajai. 5

Shankara suvana Kesaree nandana,
teja prataapa mahaa jaga vandana. 6

Vidyaavaana guni ati chaatura,
Raama kaaja karibe ko aatura. 7

Prabhu charitra sunibe-ko rasiyaa,
Raama Lakhana Sitaa mana Basiyaa. 8

Sukshma roopa dhari Siyaahi dikhaavaa,
vikata roopa dhari lanka jaraavaa. 9

Bheema roopa dhari asura sanhaare,
Raamachandra ke kaaja sanvaare. 10

Laaye Sajeevana Lakhana jiyaaye,
Shri Raghuvira harashi ura laaye. 11

Raghupati kinhi bahuta baddaaee,
tuma mama priya Bharata- sama bhaaee. 12

Sahasa badana tumharo jasha gaavain,
asa-kahi Shreepati kantha lagaavain. 13

Sankaadika Brahmaadi muneeshaa,
Naarada-Saarada sahita Aheesa. 14

Yama Kubera digpaala jahaan te,
kabi kobida kahi sake kaahana te. 15

Tuma upkaara Sugreevahina keenhaa,
Raama milaaye raajpada deenhaa. 16

Tumharo mantra Vibheeshanna maana,
Lankeshwara Bhaye Saba jaga jaanaa. 17

Juga sahastra jojana par Bhaanu,
leelyo taahi madhura phala jaanu. 18

Prabhu mudrikaa meli mukha maahi,
Jaladhi langhi gaye acharaja naahee. 19

Durgama kaaja jagata ke jete,
Sugama anugraha tumhare tete. 20

Raama dwaare tuma rakhvaare,
hota na aagyaa binu paisaare. 21

Saba sukha lahae tumhaari sarnaa,
tuma rakshaka kahu ko ddarnaa. 22

Aapana teja samhaaro aapai,
teenon loka hanka te kaanpai. 23

Bhoota pishaacha nikata nahin aavai,
Mahavira jaba naama sunavae. 24

Naase roga harai saba peera,
Japata nirantara Hanumata beera. 25

Sankata se Hanumaana chhudaavae,
mana Krama Vachana dhyaana jo lavai. 26

Saba para Raama tapasvee raajaa,
tinke kaaja sakala tuma saajaa. 27

Aura manoratha jo koi lavai,
soee amita jeevana phala pavai. 28

Chaaron juga partaap tumhaaraa,
hai parsiddha jagata ujiyaaraa. 29

Saadhu Santa ke tuma Rakhwaare,
asura nikandana Raama dulaare. 30

Ashtta-siddhi nava nidhi ke daata,
as-bara deena Jaankee maataa. 31

Raama rasaayana tumhaare pasaa,
sadaa raho Raghupati ke dasaa. 32

Tumhare bhajana Raama ko pavai,
janama janama ke dukha bisraavai. 33

Anta-kaala Raghuvira pura jayee,
jahaa janama Hari-Bakhta Kahayee. 34

Aura Devta Chitta na dharaee,
Hanumanta se hi sarve sukha karaee. 35

Sankata kattai mittai saba peera,
Jo sumirai Hanumata Balbeera. 36

Jaya Jaya Jaya Hanumaana Gosaaeen,
kripaa karahu gurudev ki naaee. 37

Jo shata baara patha kare koee,
chhuttahi bandi mahaa sukha hoee. 38

Jo yaha paddhe Hanumaana Chaalisaa,
hoye siddhi saakhi Gaureesa. 39

Tulseedaasa sadaa hari cheraa, Keejai
Natha Hridaya mei dera. 40

DOHA

Pavana Tanaya Sankata Harana, Mangala Murati Roopa

Raama Lakhana Seeta Sahita, Hridaya Basahu Soor
Bhoop.

AADRA SHAKTI

माँ दुर्गा के सिद्ध मंत्र

यहाँ आप कई प्रकार के माँ दुर्गा के मंत्र है जिससे आप जिंदगी में कई मुसीबतों से आसानी से निजात पा सकते है। यह मंत्र सभी प्रकार की सिद्धिः को पाने में मदद करता है, यह मंत्र सबसे प्रभावी और गुप्त मंत्र माना जाता है और सभी उपयुक्त इच्छाओं को पूरा करने की शक्ति इस मंत्र में होती है।

ॐ ऐं ह्रीं क्लीं चामुण्डायै विच्चे॥

Om aim Hreem kleem chaamunnddaayai vichche.

इस मंत्र की शक्ति: यह मंत्र दोहराने से हमें सुंदरता, बुद्धि और समृद्धि मिलती है।

यह आत्म की प्राप्ति में मदद करता है।

सब प्रकार के कल्याण के लिये

सर्वमङ्गलमङ्गल्ये शिवे सर्वार्थसाधिके।

शरण्ये त्र्यम्बके गौरि नारायणि नमोऽस्तु ते॥

Sarva mangala mangalye Shive sarvaartha saadhike.

Sharannye trayambake Gauri Naaraayanni namo astute.

धन के लिए मंत्र

दुर्गे स्मृता हरसि भीतिमशेषजन्तो:

स्वस्थै: स्मृता मतिमतीव शुभां ददासि।

दारिद्र्यदु:खभयहारिणि का त्वदन्या

सर्वोपकारकरणाय सदाऽऽर्द्रचित्ता॥

Durge Smrita harasi bheetimashesha jantoh.

Swasthaih Smritaa matimteeva shubhaam dadaasi.

Daaridrayaduhkhabhaya haarinni ka tvadanyaa.

Sarvopkaarkarannaya sadaa aardra chitta.

विपत्ति नाश के लिए मंत्र

शरणागतदीनार्तपरित्राणपरायणे।

सर्वस्यार्तिहरे देवि नारायणि नमोऽस्तु ते॥

Sharannagata deenaarta paritraannpraayanne.

Sarvasyaartihare devee Naraayanni namo astute.

शक्ति प्राप्ति के लिए मंत्र

सृष्टिस्थितिविनाशानां शक्ति भूते सनातनि।

गुणाश्रये गुणमये नारायणि नमोऽस्तु ते॥

Srishtti sthiti vinaashaanaan shakti bhoote sanaatani.

Gunnaashraye gunnamaye Naaraayanni namo astute.

रक्षा पाने के लिए मंत्र

शूलेन पाहि नो देवि पाहि खड्गेन चाम्बिके।

घण्टास्वनेन न: पाहि चापज्यानि:स्वनेन च॥

Shoolen paahi no devee paahi khadgena chaambike.

Ghanntta svanena nah paahi chaapajyaanih svanen cha.

आरोग्य और सौभाग्य की प्राप्ति के लिए मंत्र

देहि सौभाग्यमारोग्यं देहि मे परमं सुखम्।

रूपं देहि जयं देहि यशो देहि द्विषो जहि॥

Dehi saubhagyama arogyam dehi me param sukham.

Roopam dehi jayam dehi yasho dehi dwisho jahi.

भय नाश के लिए मंत्र

सर्वस्वरूपे सर्वेशे सर्वशक्ति समन्विते।

भयेभ्याहि नो देवि दुर्गे देवि नमोऽस्तु ते॥

Sarva Svaroope Sarveshe Sarva shakti samanvite.

Bhayebhyaahi no devi Durge devi namostute.

महामारी नाश के लिए मंत्र

जयन्ती मङ्गला काली भद्रकाली कपालिनी।

दुर्गा क्षमा शिवा धात्री स्वाहा स्वधा नमोऽस्तु ते॥

Jayantee Manglaa Kaalee Bhadrakaalee Kapaalinee

Durgaa Kshamaa Sheevaa Dhaatree Swaahaa Swadhaa namo astute.

पाप नाश के लिए मंत्र

हिनस्ति दैत्यतेजांसि स्वनेनापूर्य या जगत्।

सा घण्टा पातु नो देवि पापेभ्योऽन: सुतानिव॥

Hinasti daityatejaansi svanenaapoorya yaa jagata.

Saa ghannttaa paatu no devi paapebhyo-anah sutaaniva.

भुक्ति-मुक्ति की प्राप्ति के लिए मंत्र

विधेहि देवि कल्याणं विधेहि परमां श्रियम्।

रुपं देहि जयं देहि यशो देहि द्विषो जहि॥

Vidhehi devi kalyaannam vidhehi paramaam shriyam.

Roopam dehi jayam dehi yasho dehi dwisho jahi.

बीमारी महामारी से बचाव

रोगानशेषानपहंसि तुष्टा रुष्टा तु कामान् सकलानभिष्टान्।

त्वामाश्रितानां न विपन्नराणां त्वामाश्रिता ह्माश्रयतां प्रयान्ति॥

Rogaansheshaanapahansi tushtta rooshtta

tu kaamaan sakalaanbhishttaan.

Tvaamaashritaanaam na vipannraannaam tvaamashritaa

hmaashrayataam prayaanti.

पुत्र प्राप्ति

देवकीसुत गोविंद वासुदेव जगत्पते।
देहि मे तनयं कृष्ण त्वामहं शरणं गतः॥

Devakeesuta govinda vaasudeva jagatpate.
Dehi me tanayam krishnna tvaamham sharannam gatah.

मनचाहे जीवनसाथी

पुरुषों के लिए

ॐ कात्यायनि महामाये महायेगिन्यधीश्वरि।
नन्दगोपसुते देवि पतिं मे कुरु ते नमः॥

Om Kaatyaayani Mahaamaaye Mahaa yeginy adheeshshvari.
Nandgopasute devi patim me kuroo te namah.

महिलाओं के लिए

पत्नीं मनोरामां देहि मनोववृत्तानुसारिणीम्।
तारिणीं दुर्गसंसार-सागरस्य कुलोभ्दवाम्॥

Patnin manoraamaam dehi manovavritta anusaarinneem.
Taarinnneem Durga sansaara saagarasya kulobhadvaam.

गौरी मंत्र लायक पति मिलने के लिए

हे गौरी शंकरधंगी! यथा तवं शंकरप्रिया,

तथा मां कुरु कल्याणी! कान्तकान्तम् सुदुर्लभं

He Gauree shakardhangee! Yathaa tavam shankarpriyaa.

Tatha maan kuroo kalyaannee! kaantkaantam sudurlabham.

इसके अलावा मां भवानी के नौ शक्ति रुपी देवियों के बीज मंत्रों के जप से नौ के नौ देवियां स्वतः ही प्रसन्न होकर कृपा करने लगती हैं।

नौ देवियों के स्वयं सिद्ध बीज मंत्र

शैलपुत्री: ह्रीं शिवायै नम:।

ब्रहमचारिणी: ह्रीं श्री अम्बिकायै नम:।

चन्द्रघंटा: ऐं श्रीं शक्तयै नम:।

कूष्मांडा: ऐं ह्री देव्यै नम:।

स्कंदमाता: ह्रीं क्लीं स्वमिन्यै नम:।

कात्यायनी: क्लीं श्री त्रिनेत्रायै नम:।

कालरात्रि: क्लीं ऐं श्री कालिकायै नम:।

महागौरी: श्री क्लीं ह्रीं वरदायै नम:।

सिद्धिदात्री: ह्रीं क्लीं ऐं सिद्धये नम:।

NAU DEVIYON KE SIDDHA BEEJ MANTRA

Shailputriee Hreem shivaayai namah.

Brahmachaarinnee Hreem shree Ambikaayai namah.

Chandraghanttaa: Aim shreem shaktayai namah

Kooshmaanddaa Aim Hreem devyai namah.

Skandmaataa: Hreem kleem svaminyai namah.

Kaatyaayanee: kleem Shree Trinetraayai namah

Kaalraatri: kleem Aim Shree kaalikaayai namah.

Mahagauree: shree kleem green vardayai namah:

Siddhidaatree: Hreem kleem Aim siddhaye namah.

श्री महालक्ष्मी की स्तुति

महादेवी महालक्ष्मी नमस्ते त्वं विष्णु प्रिये।

शक्तिदायी महालक्ष्मी नमस्ते दुःख भंजनि॥ (1)

श्रेया प्राप्ति निमित्ताय महालक्ष्मी नमाम्यहम।

पतितो द्वारीणि देवी नमाम्यहं पुनः पुनः (2)

देवांस्तवा संस्तुवन्ति ही शास्त्राणि च मुर्हुमः।

देवास्त्वां प्रणमन्तिही लक्ष्मीदेवी नमोडस्तुते। (3)

नमस्ते महालक्ष्मी नमस्ते भवभंजनी।

भुक्तिमुक्ति न लभ्यते महादेवी त्ययि कृपा बिना (4)

सुख सौभाग्यं न प्रात्नोति पुत्र लक्ष्मी न विधते।

न तत्पफलं समात्नोति महालक्ष्मी नमाम्यहम। (5)

देहि सौभाग्यमारोग्य देहिमें परमं सुखम्।

नमस्ते आद्यशक्ति त्वं नमस्ते भीड़भंजनी॥ (6)

विधेहि देवी कल्याण विधेहि परमां श्रियम।

विधावन्त यशस्वन्तं लक्ष्मवन्त जन कुरू॥ (7)

अचिन्त्य रूप-चरितें सर्वशत्रु विनाशीनी।

नमस्तेतु महामाया सर्व सुख प्रदायिनी॥ (8)

नमात्यंह महालक्ष्मी नमाम्यहम सुरेश्वरी।

नमात्यहं जगद्धात्री नमाम्यंह परमेश्वरी॥ (9)

SHREE MAHAALAKSHMEE KEE STUTI

Mahaadevee Mahaalakshami namaste tvam vishnnu priye.

Shaktidaayee Mahaalakshami namaste dukha bhajani. 1

Shreyaa praapti nimittaaya Mahaalakshami namaamyaham.

Patito ddhaareenni devee namaamyaham punah punah. 2

Devaamstavaa sanstuvanti hee shaastraanni cha murhumah

Devaamstavaa prannamantihee lakshamee devee namostute. 3

Namaste Mahaalakshmee namaste bhavbhanjanee.

Bhuktimuktti na labhyate Mahaadevee tyayi kripaa binaa. 4

Sukha saubhaagyam na praatnoti putra lakshmi na vidhate.

Na tatpaphalam samaatnoti Mahaalakshmee namaamyahama. 5

Dehi saubhaagyamaarogya dehimein paramam sukham

Namaste Aaddhyashaktti tvam namaste bheedd bhanjanee. 6

Vidhehi devee kalyaanna vidhehi parmaam shriyam.

Vidhaavanta yashasvantam lakshmavanta jana kuroo. 7

Achintya roop - charitein sarvashatru vinaasheenee.

Namastetu Mahamaayaa sarva sukha pradaayinee. 8

Namaatyamha Mahaalakshmee namaamyahama
sureshravree.

Namaatyaham jagaddhaatree namaamyamha
parmeshrvaree. 9

महालक्ष्मि अष्टकं

नमस्तेऽस्तु महामाये श्रीपीठे सुरपूजिते।

शङ्खचक्रगदाहस्ते महालक्ष्मि नमोऽस्तु ते॥१॥

नमस्ते गरुडारूढे कोलासुरभयङ्करि।

सर्वपापहरे देवि महालक्ष्मि नमोऽस्तु ते॥२॥

सर्वज्ञे सर्ववरदे सर्वदुष्टभयङ्करि।

सर्वदुःखहरे देवि महालक्ष्मि नमोऽस्तु ते॥३॥

सिद्धिबुद्धिप्रदे देवि भुक्तिमुक्तिप्रदायिनि।

मन्त्रमूर्ते सदा देवि महालक्ष्मि नमोऽस्तु ते॥४॥

आद्यन्तरहिते देवि आद्यशक्तिमहेश्वरि।

योगजे योगसम्भूते महालक्ष्मि नमोऽस्तु ते॥५॥

स्थूलसूक्ष्ममहारौद्रे महाशक्ति महोदरे।

महापापहरे देवि महालक्ष्मि नमोऽस्तु ते॥६॥

पद्मासनस्थिते देवि परब्रह्मस्वरूपिणि।

परमेशि जगन्माता महालक्ष्मि नमोऽस्तु ते॥७॥

श्वेताम्बरधरे देवि नानालङ्कारभूषिते।
जगत्स्थिते जगन्मातर्महालक्ष्मि नमोऽस्तु ते॥८॥

फलश्रुति

महालक्ष्म्यष्टकस्तोत्रं यः पठेद्भक्तिमान्नरः।
सर्वसिद्धिमवाप्नोति राज्यं प्राप्नोति सर्वदा॥

एककाले पठेन्नित्यं महापापविनाशनम्।
द्विकालं यः पठेन्नित्यं धनधान्यसमन्वितः॥

त्रिकालं यः पठेन्नित्यं महाशत्रुविनाशनम्।
महालक्ष्मीर्भवेन्नित्यं प्रसन्न वरदा शुभा॥

MAHAALAKSHAMI ASHATAKAMA

Namasteastu Mahaamaaye
Shree Pitthe SuraPoojite
Shankha Chakra Gadaa Haste
Mahaa Lakshakmi Namoastute. 1
Namastestu Garooddaarudhe
Kolaasura Bhaya ankari
Sarva Paapa Hare Devi
Mahaa Lakshmi Namoastute. 2
Sarvagye Sarva Varade
Sarva Dushtta Bhayankari
Sarva Duhkha Hare Devi
Mahaa Lakshmi Namoastute. 3

Siddhi Buddhi Prade Devi

Bhakti Mukti Pradaayini

Mantra Moorte Sadaa Devi

Mahaa Lakshmi Namoastute. 4

Aaddyanta Rahite Devi Aaddya Shakti Maheshwari

Yogaje Yoga Sambhute Maha Lakshmi Namoastute. 5

Sthula SukshmaMahaa Raudre

Mahaa Shakti Mahodare

Mahaa Paapa Hare Devi

Maha Lakshmi Namoastute. 6

Paddmaasana Sthithe Devi Parabrahma Swaroopinni

Parameshi Jagan Maataa Maha Lakshmi Namoastute. 7

Shwetaambara Dhare Devi

Naana alankaara bhushite.

Jagasthithe Jaganmaatar MahaaLakshmi Namoastute. 8

PHALSHRUTI

Mahaa Lakshmayashtaka Stotram Yah patthed bhakti
maan narah.

Sarva Siddhi Mavaapnnoti

Rajyam Prapnnoti Sarvadaa.

Eka Kaale Pathennityam Mahaa PaapaVinashanam.

Dwikaalam Yah Pathennityam

Dhana Dhaanya Samanvitah

Trikalam Yah Pathennityam

Mahaa ShatruVinaashanam

Mahaa LakshmeerBhavennityam

Prasanna Varadaa Shubhaa.

अपराध क्षमा प्रार्थना

॥अथ अपराधक्षमापणस्तोत्रम्॥

ॐ अपराधसहस्त्राणि क्रियन्तेऽहर्निशं मया।

दासोऽयमिति मां मत्वा क्षमस्व परमेश्वरि॥१।

आवाहनं न जानामि न जानामि विसर्जनम्।

पूजां चैव न जानामि क्षम्यतां परमेश्वरि॥२॥

मन्त्रहीनं क्रियाहीनं भक्तिहीनं सुरेश्वरि।

यत्पूजितं मया देवि परिपूर्णं तदस्तु मे॥।३॥

अपराधशतं कृत्वा जगदम्बेति चोच्चरेत्।

यां गतिं समवाप्नोति न तां ब्रह्मादयः सुराः॥४॥

सापराधोऽस्मि शरणं प्राप्तस्त्वां जगदम्बिके।

इदानीमनुकम्प्योऽहं यथेच्छसि तथा कुरु॥५॥

अज्ञानाद्विस्मृतेर्भ्रान्त्या यन्न्यूनमधिकं कृतम्।

तत्सर्वं क्षम्यतां देवि प्रसीद परमेश्वरि॥६॥

कामेश्वरि जगन्मातः सच्चिदानन्दविग्रहे।

गृहाणार्चामिमां प्रीत्या प्रसीद परमेश्वरि॥७॥

गुह्यातिगुह्यगोप्त्री त्वं गृहाणास्मत्कृतं जपम्।

सिद्धिर्भवतु मे देवि त्वत्प्रसात्सुरेश्वरि॥८।

॥इति अपराधक्षमापणस्तोत्रं समाप्तम्॥

क्षमा प्रार्थना मंत्र:

देव पूजा में हुए जाने-अनजाने दोष करें दूर

देव पूजा के दौरान जानकारी न होने से या मन भटकने से हुए दोष इस क्षमा मंत्र से दूर करें। जीवन में सुखी रहने, सुख बंटोरने या कायम रखने का सबसे अच्छा उपाय माना गया है - क्षमाभाव। क्षमा करना ही नहीं उससे भी ज्यादा मन को शांति और सुख तब मिलता है, जब इंसान अपनी गलतियों के लिये क्षमा मांग ले।

क्षमा का यह सूत्र रिश्तों और भक्ति दोनों में ही अपार सुख देता है। असल में क्षमाभाव जोड़कर रखता है। रिश्तों में इंसानों से तो भक्ति में ईश्वर से। भक्ति में भाव ही अहम माना गया है, न कि साधन।

चूंकि ईश्वर भक्ति से जुड़े कारणों में सांसारिक जीवन के दु:खों से रक्षा भी एक होता है। इसलिए श्रद्धा और आस्था से की जाने वाली देव उपासना में मानसिक, शारीरिक या बाधा आती है तो सुख की कामना से की गई उपासना में खलल मन को आहत कर संशय से भरता है।

शास्त्रों में देव उपासना की परंपराओं में पूजा-पाठ के दौरान जाने-अनजाने हुए ऐसे ही दोष से छुटकारे के लिए विशेष मंत्र बताए गए हैं। जिनको बोलकर मंत्र, क्रिया या भक्ति दोष का शमन हो जाता है।

मंदिर दर्शन करने के पश्चात क्या करें

हम लोग हवेली में या मंदिर में दर्शन करने जाते हैं,। दर्शन करने के बाद बाहर आकर मंदिर की पैड़ी पर थोड़ी देर बैठते हैं। इस परंपरा का कारण क्या है ?

अभी तो लोग वहां बैठकर अपने घर की, व्यापार की, राजनीति की चर्चा करते हैं। परंतु यह परंपरा एक विशेष उद्देश्य के लिए बनाई गई है। वास्तव में वहां मंदिर की पैड़ी पर बैठ कर के और एक श्लोक बोलना चाहिए।यह श्लोक हम भूल गए हैं। इस श्लोक को सुने और याद करें।और आने वाली पीढ़ी को भी इसे बता कर जाएं। श्लोक इस प्रकार है

अनायासेन मरणम,बिना दैन्येन जीवनम।

देहान्ते तव सानिध्यम, देहिमे परमेश्वरम॥

जब हम मंदिर में दर्शन करने जाएं तो खुली आंखों से ठाकुर जी का दर्शन करें। कुछ लोग वहां नेत्र बंद करके खड़े रहते हैं।आंखें बंद क्यों करना।हम तो दर्शन करने आए हैं।ठाकुर जी के स्वरूप का,श्री चरणों, का मुखारविंद का,श्रंगार का संपूर्ण आनंद लें। आंखों में भर लें इस स्वरूप को। दर्शन करें और दर्शन करने के बाद जब बाहर आकर बैठें तब नेत्र बंद करके,जो दर्शन किए हैं, उस स्वरूप का ध्यान करें।मंदिर में नेत्र नहीं बंद करना, बाहर आने के बाद पैड़ी पर बैठकर जब ठाकुर जी का ध्यान करें तब नेत्र बंद करें, और अगर ठाकुर जी का स्वरूप ध्यान में नहीं आए तो दोबारा मंदिर में जाएं। यह प्रार्थना है याचना नहीं है। याचना सांसारिक पदार्थों

के लिए होती है, घर,व्यापार,नौकरी,पुत्र पुत्री, दुकान,सांसारिक सुख या अन्य बातों के लिए जो मांग की जाती है, वह याचना है।वह भीख है। हम प्रार्थना करते हैं। प्रार्थना का विशेष अर्थ है। अर्थात विशिष्ट, श्रेष्ठ।अर्थना अर्थात निवेदन।ठाकुर जी से प्रार्थना करें,और प्रार्थना क्या करना है,यह श्लोक बोलना है।

श्लोक का अर्थ है

"अनायासेना मरणम" अर्थात बिना तकलीफ के हमारी मृत्यु हो, बीमार होकर बिस्तर पर पड़े पड़े, कष्ट उठाकर मृत्यु नहीं चाहिए।चलते चलते ही श्री जी शरण हो जाएं।

"बिना दैन्येन जीवनम "अर्थात परवशता का जीवन न हो। किसी के सहारे न रहना पड़े,।जैसे लकवा हो जाता है, और व्यक्ति पर आश्रित हो जाता है।वैसे परवश, बेबस न हों। ठाकुर जी की कृपा से बिना भीख मांगे जीवन बसर हो सके।

"देहान्ते तव सानिध्यम "अर्थात जब मृत्यु हो तब ठाकुर जी सन्मुख खड़े हो। जब प्राण तन से निकले, आप सामने खड़े हों। जैसे भीष्म पितामह की मृत्यु के समय स्वयं ठाकुर जी उनके सम्मुख जाकर खड़े हो गए। उनके दर्शन करते हुए प्राण निकले।

यह प्रार्थना करें। गाड़ी,लाड़ी,लड़का, लड़की पति, पत्नी,घर,धन यह मांगना नहीं।यह तो ठाकुर जी आपकी पात्रता के हिसाब से खुद आपको दे देते हैं।तो दर्शन करने के बाद बाहर बैठकर यह प्रार्थना अवश्य पढ़ें।

जय श्री कृष्ण

अथ मंत्र पुष्पांजली

ॐ यज्ञेन यज्ञमयजंत देवास्तानि धर्माणि प्रथमान्यासन्।

ते हं नाकं महिमान: सचंत यत्र पूर्वे साध्या: संति देवा:

ॐ राजाधिराजाय प्रसह्ये साहिने।

नमो वयं वैश्रवणाय कुर्महे

स मे कामान्कामकामाय मह्यम्।

कामेश्वरो वैश्रवणो ददातु।

कुबेराय वैश्रवणाय। महाराजाय नम:

ॐ स्वस्ति साम्राज्यं भौज्यं स्वाराज्यं वैराज्यं

पारमेष्ठ्यं राज्यं माहाराज्यमाधिपत्यमयं समंतपर्यायी

सार्वायुष आंतादापरार्धात्पृथिव्यै समुद्रपर्यंता या एकराळिति

तदप्येष श्लोकोऽभिगीतो मरुत: परिवेष्टारो मरुत्तस्यावसन्गृहे

आविक्षितस्य कामप्रेर्विश्वेदेवा: सभासद इति।

ॐ विश्व दकचक्षुरुत विश्वतो मुखो विश्वतोबाहुरुत

विश्वतस्पात संबाहू ध्यानधव धिसम्भत त्रैत्याव भूमी जनयंदेव एक:।

ॐ तत्पुरुषाय विद्महे महादेवाय धीमहि

तन्नो रुद्र: प्रचोदयात्॥

नाना सुगंध पुष्पांनी यथापादो भवानीच

पुष्पांजलीर्मयादत्तो रुहाण परमेश्वर

ॐ भूर्भुव: स्व: भगवते श्री सांबसदाशिवाय नमः।

॥मंत्र पुष्पांजली समर्पयामि॥